致年轻父母们的信

——李道佳 著

北方联合出版传媒（集团）股份有限公司

辽宁少年儿童出版社

沈 阳

图书在版编目（CIP）数据

致年轻父母们的信 / 李道佳著. — 沈阳: 辽宁少
年儿童出版社, 2022.2
ISBN 978-7-5315-8888-7

Ⅰ.①致… Ⅱ.①李… Ⅲ.①儿童教育—家庭教育
Ⅳ.①G78

中国版本图书馆CIP数据核字（2021）第258235号

致年轻父母们的信
Zhi Nianqing Fumumen de Xin

出版发行：北方联合出版传媒（集团）股份有限公司
　　　　　辽宁少年儿童出版社
出 版 人：胡运江
地　　址：沈阳市和平区十一纬路 25 号
邮　　编：110003
发行部电话：024-23284265 23284261
总编室电话：024-23284269
E-mail:lnsecbs@163.com
http://www.lnse.com
承 印 厂：辽宁新华印务有限公司

责任编辑：薄文才
助理编辑：袁丹阳
责任校对：李　婉
封面设计：精一绘阅坊
版式设计：鼎籍文化
责任印制：吕国刚

幅面尺寸：160mm×230mm
印　　张：10　　　　字数：90 千字
出版时间：2022 年 2 月第 1 版
印刷时间：2022 年 2 月第 1 次印刷
标准书号：ISBN 978-7-5315-8888-7
定　　价：20.00 元

作者简介

　　李道佳，女，1934年出生于北京，中共党员。1958年毕业于北京师范大学教育系学前教育专业。曾任辽宁省教育研究院幼教研究室主任、幼教专家组组长、研究员（正），辽宁省艺术幼儿师范学校幼教室主任，辽宁省教育学会幼儿教育研究会秘书长、常务副理事长、理事长、名誉理事长，辽宁省沈阳市妇女联合会家庭教育研究会常务理事，辽宁省关心下一代工作委员会专家委员会委员，中国儿童发展中心专家委员会委员，中国学前教育研究会理事、副理事长、学术委员会委员、顾问。蒙台梭利课题中国化实验组专家指导组成员，国际教育协会IEA-PPP中国课题组专家指导组成员。1983年被辽宁省政府评为"先进儿童少年工作者"。

　　著有《幼儿个性品质教育》《蒙台梭利生活训练》《李道佳教育文集》等，主编《幼儿品德教育丛论》《托起明天的太阳》《幼儿的发展与环境》等多部作品，在国家级、省级核心期刊发表过十几篇论文及研究报告，是我国著名幼教专家之一。

序

　　我经常在小区内散步，接触到一些年轻的妈妈和姥姥、奶奶等带着孩子在院内散步、游戏、晒太阳。熟悉了以后，她们知道我退休前是做学前教育研究工作的，就常给我提出一些教育孩子的难题，如，有的说："孩子不好好吃饭怎么办？有时得追着他吃饭，真愁人！"有的说："孩子原来还挺乖的，现在不仅淘气，常把家里的东西翻出弄一地，还挺有主意的，他想要干什么就非要去干，怎么说也不听。"还有一位老奶奶说："我的孙女五岁了，整天缠着我问这问那，为什么天要下雨？为什么冬天下雪不下雨？我哪说得清楚哇，不给她讲就闹人。有一天突然说要妈妈给她生个小弟弟陪她玩，妈妈为什么不给生？是不是妈妈只会生小妹妹，爸爸才能生小弟弟呀？你说这孩子想哪儿去了呀，真是烦死我了！"我听后非常理解她们，虽然和她们谈了一些如何正确对待的方法，但也不能一下就解决她们的难题，所以她们就建议我写点东西，不要理论类的，要普及类的，就像我和她们说的这样容易懂，也容易记的。我说好吧，我回去考虑考虑！在我的人生观里有这样一句话：小车不倒只管推。今年，我虽已八十七岁，但小车还没倒，我就拿起笔来试试吧！其实我也当过妈妈，现已当奶奶、姥姥，养育、教育过自己家的孩子，有经验，也有教训。我想就一些重要的、容易被忽视的问题以及新时代遇到的新问题谈谈我的看法。用什么形式表达才更容易被年轻的家长们接受呢？我曾经用写信的方式给我北京同学的女儿解答过她在孩子教育方面遇到的难题。因此，我想如果用写信的形式和广大的年轻父母们谈谈我对这些难题的看法也是很好的吧！这种形式不被系统性的理论所约束，比较自由、自然、接地气，因此，我就开始写信了。写的过程，我曾得到一位年轻母亲张思梦女士的宝贵意见和建议，在此表示诚挚的感谢！

李道佳

2022 年 1 月

目录 CONTENTS

祝愿你们培养出一个
健康、快乐的宝宝

　　许多父母在生下第一个宝宝时，心中常生出许多美好的愿望和憧憬，如："我要我的孩子长大成为一名 IT 工程师""我要我的女儿长大当一名出色的医生""我要我的儿子长大当一名飞行员，还要当一名将军""我的儿子长大要当科学家""我的孩子长大要当一名大企业家"等。这些想法是可以理解的，但是，要实现这样一个美好的愿望与目标，是要经过十几年，甚至几十年的发展。

　　从孩子呱呱落地到长大成人，是教育上的一个系统工程啊！正如一幢华丽的高楼大厦，如果地基没打好，就是个"豆腐渣"工程，再好的图纸也建不成坚固的大厦。人的成长也要从基础教育做起，之后是中等教育、高等教育，以后还有终身教育。基础教育又分先学前期（0~3 岁），学前期（3~6 岁），小学期（6~12 岁）等。每一阶段的教育都有其独特性，也有与其他阶段的共性和连续性。我们必须抓好每一阶段对孩子的培养，才能一步一步地实现我们期望的目标。

　　为此，我们必须从 0~6 岁这个最基础的教育阶段开始。例如，在身体发育方面，宝宝应有健壮的体魄，良好的营养状况，科学合理的饮食习惯，充足的睡眠，大、小肌肉能协调发展，精细动作灵敏，不生病或少生病，有较强的免疫力和抗寒能力，各阶段的身高体重都在标准的数值范围内，不过胖也不过瘦，肌肉有一定力量，喜欢运动，心情愉快，生活有规律，能坚持合理的作息制度。在品德养成方面，孩子要有良好的行为习惯和社会性，对人对事要有正确的态度，不拒绝与人交往，和小朋友能友好相处，不自私，不独霸，愿意与他人分享吃的、玩的、用的。有积极向上的心态，活泼、开朗，有诚实的良好品格，有初步的独立意识——自己的事情自己做，有初步的责任意识——学会做一些简单的家务和做好幼儿园的值日生，有初步的利他意识——力所能及地帮助他人。在智力发展方面，孩子要有稳定的注意力、良好的观察力、较强的记忆力、丰富的想象力。愿意动脑子，有强烈的好奇心和广泛的兴趣，爱提问题，逐步由直觉行动思维向形象思维和抽象逻辑思维过渡。善于倾听，并有较强的口语表达能力。热爱学习，有良好的阅读书籍的习惯。同时，会在日常生活中、大自然中以及各种文艺活动和作品中去感知、体验美好的一切，并培养初步的创造美的能力，如朗诵、唱歌、绘画、

泥塑、舞蹈等。总之，在孩子学前这一关键期，希望你们培养出一个体、德、智、美全面发展，身心健康的宝宝，为他们今后的发展打下良好的基础。但是，年轻的父母们常常是缺乏经验的，所以我建议你们应抓紧时间学习一些如何养育与教育婴幼儿的知识，越早越细越好，以增强育儿的理性认识，这样，在养育孩子时才有科学依据，才能少走弯路，少犯或不犯错误。

一位成功的父亲曾对我说："我深有体会，我是和孩子一起成长的，我们也在不断地学习呀！"他们亲身感受到培养一个身心健康的宝宝绝非轻而易举。

的确，子女成功的家庭是美满、和谐、幸福的。个别子女教育失败的家庭是痛苦、无奈的，由于子女不成材，甚至误入歧途，坑害父母，使父母晚年生活极其悲惨、凄凉！

我想用苏联著名教育家苏霍姆林斯基的一句话来结束我的第1封信，他说："教育好孩子是一件非常艰难的工作，我一生都在探索这种智慧的所在！"

母乳是婴儿最佳的
天然高级营养品

母乳喂养婴儿在我国曾经较为普遍，尤其在广大农村，几乎没有一个孩子不是母乳喂养大的。在城市，即使有的母亲生下孩子缺少母乳，也要想尽各种办法催乳，甚至请医生用中药帮助调理，实在没有母乳的还会请他人代哺。

但是，一段时期以来，城市里有了牛奶、奶粉后，不少家长选用牛奶或奶粉喂养婴儿。有些年轻的母亲，怕喂奶后影响自己的身材，或是怕影响工作，宁愿断母乳，把孩子交给老人或请保姆用牛奶和奶粉喂，也不自己喂，自己落得一身轻。有的还振振有词地说："那些喂牛奶和奶粉长大的孩子不是也挺好的吗？为什么非要我自己喂？"其实，这些都是家长在为自己找借口。我认为，母亲自己有母乳却偏偏不给孩子吃，不管你有什么理由都是一种失当的行为，完全没有从孩子健康成长的需要出发来考虑问题。

为什么母亲有母乳就应该克服一切困难用母乳喂养婴儿呢？母乳喂养对婴儿有哪些好处呢？

我们可以从以下五点来看。

1.母乳所含的乳蛋白较多，凝块比牛乳小，且不饱和脂肪酸比牛乳多，易于被婴儿消化吸收。牛乳虽然所含蛋白量比母乳高，但矿物质也较多，对脏器尚未发育完全的婴儿容易造成负担。

2. 母乳所含的营养成分会随着婴儿成长发育的变化而变化。产后 2~3 天分泌的乳汁为初乳，产后 4~10 天分泌的乳汁是过渡乳，产后 11 天 ~9 个月分泌的为成熟乳，10 个月以后的为晚乳。初乳含脂肪较少，蛋白质和水分较多，乳汁稀薄，正好适合初生婴儿的消化能力弱的特点。以后乳汁逐渐变浓，脂肪含量增加，正适合婴儿活动日渐增多，热量也需要增加的特点。晚乳的营养成分下降，婴儿此时需要增加辅食了。

3. 母乳中含有多种抗体，有较强的免疫作用。初乳中有大量的保护消化道黏膜的抗体以防止肠道感染，成熟乳中的多种抗体可增强婴儿对细菌、病毒的抵抗能力。

4. 母乳中含有大量不饱和脂肪酸，是婴儿大脑发育不可缺少的营养素，而牛乳中则没有此种营养素，所以吃母乳更利于婴儿的智力发育。

5. 母乳新鲜无菌且温度适宜，而牛乳容易污染且加工流程繁多，温度和量都要严格控制才行。

除了以上五点，母乳喂养还有另一大优势：喂

养过程是早期亲子互视、互动、互爱、互知的绝好机会。当宝宝吸吮母乳时，母亲会产生一种深情的、温馨的爱意，宝宝在母亲的怀抱中不仅吸吮到香甜的母乳，还能感受到母亲的体温、母亲抚摸的舒适与愉悦，获得极大的安全感。母亲此时还可以在孩子耳边细声细语地和宝宝说说话，逗逗宝宝，让他对妈妈的话有所反应。随着宝宝逐渐长大，他会看着妈妈的嘴型学发音、学说话，并增强对母亲的依恋，增进母亲与宝宝之间的感情，母亲也更易于了解宝宝的身体和发育情况。

因此，希望年轻的母亲们为了宝宝能更好地健康成长，母乳充足的一定要坚持母乳喂养，至少在宝宝出生 6 个月内采用母乳喂养。

什么时候给宝宝断奶
添加辅食？

　　断奶是什么意思？就是指婴儿不再继续吃母乳，改吃别的食物。断奶是一个逐渐的过程。婴儿在 6 个月前是以吃母乳或其他配方乳为主的，准备断奶改吃其他食物时，仍要将母乳或其他配方乳同步持续一个时期，不可突然把母乳或其他配方乳一下子断掉。一般情况下，添加辅食的时间不要早于 3 个月，因为 3 个月内婴儿的咀嚼能力还未开始发育，胃液、唾液中尚未分泌消化淀粉类食物的酶。婴儿在 5~6 个月后开始做断奶的准备是较好的。另外，婴儿 6 个月后体内在胎儿期储备的铁的含量已基本耗尽，而铁是人体造血机能不可缺少的元素，所以需要补充铁元素。

一、给婴儿添加辅食要注意以下四个问题

　　1.逐渐添加的原则。即由少到多，由稀到稠，由一种到多种，由细到粗，由流质到半流质再到固体。如，5 个月后可给婴儿奶中加入四分之一煮熟的鸡蛋黄，看其消化得怎样，如果可以接受，几天之后蛋黄量可增至三分之一，再然后可增至二分之一。

　　2.要细心观察婴儿在每次添加新品种辅食后的反应。观察宝宝是否有呕吐、腹泻、便秘、消化不

良等异常反应，如果有，则应停止添加此种辅食，在其大便正常后，再从极小量开始添加。

3. 注意季节变化与身体状态。炎热的夏季及婴儿患病时，不宜断奶和添加辅食，避免引起消化不良和其他疾病。

4. 由于婴儿个体及消化能力差异较大，成人应灵活掌握婴儿添加辅食的月龄与品种，不要一概而论。

二、添加辅食的月龄、数量、种类及次数

1. 菜汤或果汁。婴儿 3 个月后可添加菜汤，西红柿或鲜橘汁等富含维生素 C 的果蔬汁，每天两次，每次 1~2 小汤勺。

2. 鱼肝油等维生素 D 制剂。3 个月后可开始服用，每日 1~2 滴。

3. 淀粉食物。3~6 个月的婴儿唾液腺已发育完全，唾液腺分泌的唾液中富含淀粉酶，增强了消化食物的能力。3~4 个月后可加米粉糊、蛋羹，开始时可食用一汤勺，6 个月后可食用米粥。

4. 蔬菜水果。绿叶菜富含维生素和无机盐，4 个月后可加菠菜泥、土豆泥，7~8 个月可加果泥（苹

果、香蕉为宜）。

5.动植物蛋白食品。4~5个月后可增加富含铁的食物，如蛋黄、猪肝泥、肉泥及鱼肉泥等，蛋黄每次由四分之一逐渐增加，到7~8个月可食用全蛋。

辅食是婴儿期营养和发育的保证，在婴儿满8个月后，牛乳的摄入量每天不要超过800毫升，否则会影响婴儿对摄入辅食的消化与营养的吸收。

第 **4** 封信

给宝宝创造一个多彩的环境

　　孩子是通过看看、听听、摸摸、尝尝、闻闻等各种感觉来逐渐认识周围环境，进而去认识整个世界的。世界本来就是由千变万化的形、声、色构成的，因此宝宝所处的生活环境，以及所接触的各种物品，都应该是丰富多彩的，以刺激其各种感知能力的发展。

　　例如，家长可将红红大大的苹果，黄黄弯弯的香蕉，又圆又紫的葡萄，黄澄澄的橘子，还有黑白分明胖胖的大熊猫，羽毛斑斓多彩的大公鸡等色彩鲜明的图片贴在宝宝可以见到的卧室、活动室的墙壁上，引导宝宝去看。妈妈可以握着宝宝的小手指着苹果的图片说"红红的苹果"，反复多次孩子就会将"红""苹果"两个词印刻在脑海里，形成红色和苹果的概念。还可以握着宝宝的手指着黑白分明胖胖的大熊猫说"这是黑色，这是白色"，反复多次孩子就会分出"黑"与"白"的不同，并认识了熊猫。

　　为了促进宝宝听觉能力的发展，家长可以选择多种乐曲播放给他听。宝宝在游戏时可以放些轻快的曲子或儿歌，宝宝在吃饭时可放些安静优雅的经典名曲，如舒伯特的《小夜曲》，当宝宝要入睡时可放些摇篮曲等。孩子反复听后，当再听到欢快的歌曲或圆舞曲时，他就会跟着跳起来、唱起来。再听到摇篮曲时，他就会自动闭上眼睛要睡觉了。同时，家长要抓住一切机会和孩子说话，听家长说话就是宝宝学习有声语言的开始。当家长每每和孩子做某些活动时，都要伴随着话语，如吃奶的时间到了，就要和宝宝说"宝宝吃奶了"，吃饭的时间到了，就要和宝宝说"宝宝该吃饭了"，给他穿衣、穿裤时也要和他说相应的语言。这样重复多次，孩子就会逐渐理解、掌握"吃饭""睡觉""穿衣""喝水"的含义。家长还可以握着宝宝的两根食指一边碰一边说"逗逗飞，逗逗飞"，经过多次重复，只要你一说"逗逗飞"，他就会将自己双手的两根食指碰在一起，做"逗逗飞"的动作。

　　1 岁左右的宝宝常会把玩具等物品放在嘴上啃，这是孩子认识事物的一种必然途径。通过口舌，孩子感知了软硬、冷热，以至酸甜苦咸等不同味道，从而形成对物品不同属性的感知。除此，还可以给宝宝各种不同材质的玩具，让他抱拿，如毛绒的小动物，软塑、硬塑做的娃娃，木质的积木等。通过让他看看、听听、摸摸、尝尝、闻闻日常生活中吃的玩的各种物品，给予他多种感官刺激，再配合家长相应的语言，孩子就会从感知发展为认知，逐渐知道各种颜色的名称，各种不同的味道，体验到毛茸茸、软软的布娃娃和小动物抱在怀里舒适、柔和的感觉等。这些都是对发展儿童的智力极为有利的基础训练。

请尊重第一反抗期的宝宝

　　孩子在正常合理的培育下，身体和心理都有了很大的发展和进步。一两岁以后孩子会走路了，不需家长牵着手了，会自己拿玩具，会有目标地选取自己想要的东西，如面对苹果、香蕉、橘子、葡萄等多种水果，他可能会选取自己喜欢的葡萄而推开你给他选的香蕉，这说明宝宝独立的自主意识开始萌芽发展了。尤其到两岁以后，这种独立自主意识有了很大发展，如在吃饭时，他会和你抢勺要自己吃，不愿让你一口一口地喂他；在洗脸时，他也会去抢毛巾，不拧干水就把毛巾往自己脸上擦；你不许他随便打开饼干盒，他偏要去打开饼干盒自己拿饼干吃；不让他打开冰箱门，他偏要去打开冰箱门，甚至自己去取冰箱里的鸡蛋；不许他碰电插头，家长一不留神，他就一下子把电插头拔下来。还有，孩子最喜欢翻抽屉，翻翻看里面都有什么东西。总之，凡是他能够得到的东西，他都会去摸摸、动动。这时，家长就会想："这孩子越大越不听话了，不如小时候好管了，会捣乱了。"吃饭时，非要自己吃，弄得满脸、满桌子都是米粒和菜汁，这样，家长因为怕脏、怕乱，收拾麻烦，就不让孩子自己吃，也不让他去拿这拿那，而孩子达不到自己的目的，做不成自己要做的事就哭、就闹、就反抗。家长必然烦恼不已，有心情不好、脾气不好的家长就顺手打孩子，孩子受了委屈哭闹得更厉害……为什么会这样呢？怎样解决这些矛盾呢？

其实，这正是儿童第一反抗期的表现，即一方面孩子要"我自己来"，一方面家长要代替他而造成的儿童逆反的心理与行为（第二反抗期是在性成熟期前后，也就是常说的"青春期"。孩子自以为已经是成年人了，其实他的社会性心理远没有成熟，却对成人仍以对小孩子的口吻和态度对待他而产生的逆反心理）。

应该看到这是孩子长大了，他从有意或无意地依赖家长到"我要自己来"是发展的表现，家长不仅不能压制、代替他，反而应该支持和鼓励他去做，顺其自然地发展他独立自主的意识和能力，使他能通过自己的努力得到他想要的结果，使他有展现自己能力的成就感、满足感和自信心。例如，为了满足他想自己吃饭的愿望，家长应事先给他准备一件围嘴和一副套袖，吃饭前穿好，把他放在幼儿专用的餐椅上，使他的手臂能自然地放在桌上拿起勺和碗吃饭。

宝宝吃饭的碗不要太深，以便饭菜很容易让他舀出来，勺子的长短应正适合他把饭菜舀出送到嘴里。碗里的饭菜一次不要盛太多，半碗较好，否则宝宝容易把饭菜弄洒了。开始吃时，先让宝宝自己舀饭，他舀不出时，你可用手握着宝宝的手帮他把饭舀出送到嘴里，慢慢地，你可以放手让他自己舀着吃。这样一次半碗、一次半碗地把饭菜吃光。等宝宝吃饱了，他会感到这顿饭是他自己吃的，他会表现出一种满足感和成功感。

又如，宝宝想自己穿袜子，但常常会把袜底套在脚背上，这时你可以一边帮他把小袜底转到脚下面一边说："这么一转，小袜底就转到下面去了，小脚丫就可以进洞（袜身）了，袜子就穿上了。"慢慢地，他也就学会了先把袜底放在脚下面，再把脚伸进袜子里面。

总之，宝宝的这种"我自己来"的要求和自我意识、自立能力以及自信心就是在日常生活里一件件、一次次的小事中锻炼培养起来的。家长千万不能在宝宝自己要做但又做不好时，比如，宝宝把饭菜弄得满桌满地、脸上身上也都是，穿衣、穿袜既费时间又穿不好的情况下，不耐烦地对他说："看你，自己还是不行吧！还得我喂你吧！"或"看你这么半天还穿不上，还得我帮你穿吧！"你要知道在你"胜利"之时，也就让宝宝有了失败感，他的独立意识和自信心也遭受了极大的打击！这对孩子的成长是极为不利的。所以我们当父母和做长辈的都要关心和尊重孩子这个成长的过程。

从小培养孩子的好习惯

　　教育家斯特娜夫人曾说："孩子的心灵是一块奇异的土地，播下思想的种子，就能得到行为的收获；播下行为的种子，就能得到习惯的收获；播下习惯的种子，就能得到性格的收获；播下性格的种子，就能得到命运的收获。"这说明习惯的形成，尤其是良好习惯的形成对一个人的成长，甚至人生是多么的重要！

　　什么是习惯呢？从生理上说是大脑中的"动力定型"，也就是稳定的神经联系。人的行为都是受大脑神经支配的，这种"动力定型"就是表现在行为上稳定的行为习惯。例如，有了饭前、便后洗手的习惯，要吃饭了，无须他人提醒，自己就会去洗手，便后也是无须提醒，自己就会去洗手。

　　人的一切好习惯都是在后天生活实践中经教育引导反复训练出来的。相反，一些坏习惯也是在不良的环境中，由于缺乏正确的教育引导而慢慢形成的。如，说脏话、骂人、打人、捣乱、占小便宜、偷拿他人物品、扯谎等。

　　由于习惯影响性格，不同的习惯与性格又会形成不同的命运，所以，我们必须从小培养孩子良好的行为习惯，抵制与克服不良的行为习惯。

一、从小培养孩子良好的生活习惯

1. 起床后要刷牙、洗脸，进餐之前要洗手，饭后要漱口。

2. 进餐时情绪稳定，不哭闹，不大喊大叫，做好进餐准备（如戴好围嘴，挽好袖子等）。

3. 进餐时把分给自己的饭菜吃干净（吃不了，不多要），不剩饭剩菜。

4. 大、小便后先用水把大、小便冲干净，再用少许肥皂洗手。

5. 衣服要穿得干净、整齐，学会照镜子检查自己的穿着是否整洁得体。

6. 女孩要整理好头发，不要披头散发就出门。

7. 晚上睡觉前要刷牙、洗脸、洗脚（女孩还要洗小便处），并把自己脱下的衣服叠好放好。

8. 自己的事情自己做，尤其是四五岁以后应学会洗小手帕、短袜子等，不依赖他人。

9. 出门前穿好袜子、鞋子，不趿拉着鞋走路。

10. 回家后把脱下的外衣挂好，把换下的鞋子放好，帽子也要挂在规定的地方。

二、从小培养孩子良好的行为习惯

1. 面对不同年龄段的人会说尊称并问好，如老师好、叔叔好、奶奶好、爷爷好、阿姨好等。

2. 别人帮助自己或送礼物给自己时要说"谢谢"。

3. 别人和自己说话时或向自己提问题时，眼睛要注视着对方，并适当地回答，不要东张西望或不予理睬。

4. 当自己妨碍了别人，碰撞了别人，或损坏了别人的物品时，要立即说"对不起"或"请原谅"。当严重损坏别人的物品时要说"实在对不起，我可以赔偿你"，事后与家人商议后进行赔偿。

5. 与他人交流完离开时说"再见"。

6. 在公共场所不大声喊叫，如在电梯、餐厅、会议室、书店、展览馆、电影院等公共场所保持安静或小声说话。

7. 买东西或坐公交车时应排队，不插队，不挤人，遵守各种规则。

8. 见到需要帮助的人应主动上前帮助。

9. 对用过的东西、看完的书籍、玩过的玩具、下过的棋等要收拾好放回原处，不乱扔乱放。

10. 要养成节约水、电、粮食的好习惯，并能坚持"光盘"的好习惯，学做家里反对浪费的"小小监督员"。

11. 对学龄前中、晚期的孩子要求做到做事认真，言行一致，有诚信。凡答应别人的事一定做到，不马马虎虎、大大咧咧，不说大话，不说谎话。

0~6 岁是幼儿形成良好习惯的最初阶段，也是关键时期，因此，需引起家长切实的关注。

请注意不要让孩子过于肥胖

2017 年 8 月，中央人民广播电台曾报道过有关北京市肥胖儿童的一项调查。调查结果显示，在 0~7 岁的儿童中，每 7 名儿童中就有 1 名超重儿童。虽没有全国的统计数据，我想其他地区的超重儿童不一定有北京市那么高的占比，但是在我们周围看到的肥胖儿童也不少。

一般来说，父母都觉得孩子胖点好，可爱、好玩。不超标的胖是可以的，也是健康的一种表现。怎样判断是否为肥胖儿童呢？根据医学界的测量，儿童体重超过平均值的 20% 就算是肥胖儿童。例如，若 5 岁男孩平均体重是 15.5 千克，而有的 5 岁男孩体重已经达到 18.6 千克，甚至超过了 20 千克，那他就是超标的肥胖儿童了。

据北京大学公共卫生学院和联合国儿童基金会 2018 年联合发布的《中国儿童肥胖报告》显示，儿童肥胖的发生受遗传、环境和社会文化等多种因素的共同影响。儿童期肥胖会增加高血压、糖尿病、高脂血症、代谢综合征等疾病发生的风险，肥胖还会影响青春期发育，危害呼吸系统及骨骼，甚至对心理、行为、认知及智力等都会产生不良影响。可见，肥胖对儿童的身心健康是非常不利的。

由于肥胖儿童身体超重，行动笨拙，不爱运动，因此不利于消耗体内的热量与脂肪。一般来说，肥胖儿童食欲好，稍不注意就吃多了，越吃越胖，如不控制，将会更胖。

怎样避免肥胖儿童的形成呢？

一、要从控制饮食入手

由于造成肥胖的主要原因是吃得不合理、不科学，所以要从多方面控制饮食。

1. 给孩子吃饭要定时、定量，吃好一日三餐，不吃加餐与零食，少吃含脂肪多和含糖量高的食物，如红烧肉、糖果、奶油蛋糕等。

2. 少吃或不吃油炸食品，多用蒸煮的方法做鱼、肉、虾等。

3. 孩子一天饮食中的蔬菜量不应少于 250 克（含深绿色蔬菜）。

4. 3 岁以上的孩子，每天主食中应适当加入粗粮，如玉米面、豆类（红豆、绿豆、黄豆、饭豆等）和薯类。5 岁以后粗粮可占主食的三分之一。

5. 吃饭时要求孩子细嚼慢咽，不要狼吞虎咽，没充分咀嚼就吞下，也不要吃水泡饭、汤泡饭，养成良好的吃饭习惯。

二、要坚持每天运动

1. 每天按时睡觉，早晨不赖床，起床后父母可以带孩子一起跑步、做操，时间至少在 10 分钟以上。

2. 在幼儿园上、下午 1 小时的课间活动时，要和其他小朋友一起游戏、跑跳等。

3. 晚饭半小时后，要到室外去拍拍球、跳跳绳、打打乒乓球等，最好运动 30~40 分钟。

三、当孩子有些肥胖时，应去请教医生，听取医生减肥的建议与方案，共同做好孩子的减肥工作

总之，不要等孩子成为真正的肥胖儿童时再减肥，那就是比较困难的事了。

第 **8** 封信

要让孩子经常保持快乐的心情

　　我时常看到这样一些情景，孩子被家长拽着手不情愿地走在街上，或是在去幼儿园的路上噘着小嘴，或是脸上挂着未擦干的泪痕。这种情况大多是出门前家里发生亲子间的矛盾了，可能是父母因为上班的时间要到了，急着要出家门，而孩子吃饭慢，穿衣、穿鞋慢，受到家长的催促与指责；也可能是孩子正在玩玩具、做游戏还没有尽兴就被父母拽着出来；也可能是孩子当时有什么要求，家长没能给予满足，孩子没达到目的而生气；还有可能是父母曾承诺过孩子什么，而未能及时兑现，使孩子感到被欺骗而委屈，对父母不满；等等。凡此种种都会导致孩子产生不良情绪。

　　当然，在日常生活中，亲子间不可能不发生一点点矛盾与摩擦，但是我们应该尽量避免这种情况发生，尽量让孩子有更多的时间和机会快乐起来，心情愉悦起来。因为，快乐的心情，开心的笑，尤其是发自内心的开怀大笑是儿童健康成长的需要，积极的情绪是儿童生理与心理发展的需要。生理学研究认为，积极愉快的情绪会促使人体内分泌有助健康成长的激素；相反，消极的情绪会抑制这种激素的分泌，长久的消极情绪还会使儿童的免疫力、抵抗力下降，严重的还会导致抑郁症的发生。

怎样做才能使孩子经常保持一种愉快和轻松的心情呢？

一、首先，要创造一种和谐、轻松、愉快的家庭氛围

夫妻之间、长幼之间互相关心，互相帮助，相互支持，不语言伤人，尊长爱幼，不为一点点小事互相指责、埋怨，更不能骂骂咧咧、吵架、砸东西等。尤其是夫妻间的吵架、打骂行为会使孩子感到无所适从，以至非常不安和恐惧。孩子先天就有"移情"的能力，例如，你哭了，哭得很伤心，他见你哭，他也会哭起来；你哈哈大笑，他不知你为什么笑，但也会跟你笑起来。因此，安定、和谐的家庭氛围是孩子心理健康成长的首要条件。

二、其次，要让孩子去做他想做的事，家长不要硬性制止他，要学会正面诱导

例如，10个月以后的孩子，非常喜欢向地面上扔东西，你捡起来他又扔下去，他觉得很好玩，有时扔得满地都是。不仅玩具一个一个扔了，衣服、

袜子、帽子、围巾……凡是他能拿到的东西都会被扔到地上，弄得家长很累很生气。但是有一位很明智的父亲见到这种情况，知道硬性制止是行不通的，就索性和孩子一起扔，孩子不禁奇怪而且扔得更开心了，直到两人把屋里所有能扔的东西都扔到了地上，这时，父亲对孩子说："好了，都扔完了，咱们再一个一个捡回来吧。"于是，他给孩子一个筐，和孩子一起把东西一件一件地捡到筐里，然后再让孩子扔，扔完了再捡回来，反复几次后，孩子觉得累了，就不再扔了，但是他很开心、很满足。前面已说了，一两岁的孩子希望独自吃饭，有时急了就去抢勺，抢不到勺就用手去抓饭吃。你也无法制止，最好是家长帮他做好自己吃饭的准备，并耐心地帮他把勺拿好，把饭吃到嘴里，吃好、吃饱，这样孩子也会心满意足。

三、最后，父母、祖辈老人要多和孩子一起游戏，多与孩子互动，或是在孩子长大一些后，让孩子做些力所能及的家务劳动，让他有责任感

我的孙子 5 岁时很爱玩水，看见我在洗菜就想和我一起洗以达到他玩水的目的。我就因势利导，

把洗木耳的任务交给他，他认真地按照我的要求，一朵一朵地把木耳上面的泥沙洗掉，一遍一遍地用水冲洗，一边玩水一边把木耳洗干净了，然后非常有成就感地叫我验收，说："奶奶，我洗完了，您看行吗？"我说："很好，奶奶给你的任务完成得非常好！"他高兴地说："奶奶，下次我还帮你洗！"以后，我不仅让他帮我洗木耳，还让他洗小黄瓜，洗我从南京雨花台带回来的许多有各种花纹的雨花石，他会一边洗一边一个一个地仔细地观赏美丽的雨花石。再以后，又发展到去我的一片菜畦里帮我浇水、拔草、摘西红柿等，他都非常高兴且很有成就感。

总之，家长千万不要处处制止孩子，这也不许动，那也不许碰，使孩子感到处处受约束；或因被指责而产生挫折感、失败感，变得闷闷不乐；或因家长不兑现诺言而产生被欺骗的不愉快的感受。相反，应创造条件让他做他喜欢的、感兴趣的、有意义的且能做得到的事，让孩子在宽松、愉快的环境和气氛中生活、游戏、学习、劳动，快乐地成长，这也是他们需要的精神食粮。

一个美国母亲三个 "W" 的教育

在一次国际会议期间，趁休息的时候，我与一位来自美国的女专家法蒂娜交流起来，问她在家是如何教育孩子的？她非常高兴而自信地跟我聊起来。她说："我有三个孩子，我就围绕三个'W'来进行教育。"我很好奇，请她解释这三个"W"的含义。

她教孩子们的第一个"W"是"What"，也就是教他们认识这是什么，那是什么。她说："在我们的周围有着广大的、丰富的大自然的资源和现象，要让孩子们充分接触大自然，认识大自然，告诉他们这是草，这是花，这是树，这是苹果，这是香蕉，这是小狗，这是金鱼，这是玩具，这是杯子、勺子，等等。还有社会生活中的各种器物与设施，比如房子、桌子、椅子、电灯、电话、公园、电影院、汽车、火车、飞机等。还有人类和动物的各种活动，哪些是好的活动，哪些是不好的等。首先要他形成正确的概念，并学会用语言正确地表达。以后，逐渐告诉孩子哪些要求是合理的，哪些要求是不合理的。这些都不是书本能完全概括的，而是随处可取、取之不尽的内容。"

我说："我很同意你的做法。那么第二个"W"是什么呢？"她说："那就是'Why'，告诉他们'为什么'。当孩子长大一些后，他会自然地向你提问题，如：'妈妈，你为什么一定要我吃胡萝卜，我不喜欢吃，那是小白兔吃的！'你就要告诉他，因为胡萝卜有你身体成长需要的营养，吃了以后身体会壮壮的，脸也会红红的、有光泽，眼睛更明亮了。还有，要求孩子形成好习惯时，同时也要让他知道为什么要这样做。如饭前、便后、玩后为什么要洗手呢？因为不洗手的话，手上的细菌就会随着食物吃进肚子里，肚子就会疼，会生病的。有一次，老大问我：'妈妈，为什么你总是叫我让着他们俩？'我就和他说：'因为你是大哥哥，他们都比你小，大的一定要关心、爱护小的啊！你小的时候妈妈不也什么都让着你嘛！'

　　"他们还会问：为什么我们要把自己的玩具拿给邻居小朋友玩？为什么爸爸每天都出去？去哪里了？以及一些大自然的现象，如白天月亮去哪儿了？为什么月亮有时圆有时又像一只小船？为什么冬天才下雪？雨为什么不是雪？等等。还有一次，我带小女儿排队买公交车票，她问我：'妈妈，为什么非要买票才能上车，车不是停在那儿吗？直接上去不就行了吗？'这时，你就要用浅显的道理告诉她，因为没有票司机叔叔就不让我们上车。而不能给她讲

抽象的价值知识，她听不懂，没有用。总之，通过
'Why' 来教育孩子做什么事都要知道为什么，从而
形成自觉的意识。"我点点头，她又接着说："我的第
三个 'W' 是 'How'，就是怎么做。

"当孩子知道了为什么这样做以后，就要求他
具体做到，如，知道了为什么要洗手，就要养成常
洗手的好习惯；知道了为什么要吃蔬菜，就不应挑
食，应多吃蔬菜；知道了在公共场所要按规则做事，
那就要遵守各种规章制度，养成规则意识和遵守规
则的行为习惯；知道了植物生长要靠阳光、水和空
气，那就要经常给花浇水，把花盆放在有阳光和空
气流通的地方；知道了要和小朋友共享玩具，就要
主动把自己的玩具拿出来和小朋友一起玩等。总之，
当孩子懂得了许多'为什么'以后，就要付诸行动。
长久地做下去，孩子不仅长了知识，学到了许多道
理，认知、思维能力也不断扩展，而且行为更加理
智，既学会了做事，也学会了做个好孩子。"法蒂娜
利用开会短暂休息的间隙，和我分享了这么多宝贵
的教子经验，我非常感谢她无私的分享。

我想，她的这三个"W"的教育方法既简单概括又
明确好记，所以在此借花献佛，供年轻的家长们参考。

第 **10** 封信

坚持定时的户外活动

　　为什么要定时带孩子到户外活动呢？我们所指的户外活动是有阳光且空气质量良好情况下的户外活动，不是雾霾和阴雨天时的户外活动。充足的阳光和新鲜的空气是大自然赋予我们最优质的营养品，它们可以提高孩子的抵抗力和对外界环境的适应能力，提高人体各器官、各系统的生理功能，加快新陈代谢，增强体质，促进生长发育。因为阳光中有大量的紫外线和红外线，紫外线可以使皮肤中的7-脱氢胆固醇转化为维生素 D_3，能促进钙的吸收，可预防儿童佝偻病的发生。另外，紫外线还有消毒灭菌的作用。红外线是一种温度较高的光线，有活血作用，在阳光照射下，孩子会感到温暖，对人的体温有调节作用。新鲜空气具有活跃人体组织代谢和提高内脏器官功能的作用，同时空气中还含有负氧离子，尤其在松、柏树下负氧离子会更多。负氧离子被人吸入体内后，对于大脑的活动能力、新陈代谢及呼吸、造血、血液循环等均能产生良好的刺激作用。而且气温的变化又能提高体温的调节能力。平时室内，尤其是儿童的卧室，每天要开窗 20 分钟左右，进行通风换气。

　　什么时间进行户外活动好？每次多长时间合适

呢？最好是上午 10~11 点，下午 3~4 点这两个时段。当天气晴好，气温在 22℃~25℃时，3 个月以上的宝宝就可以晒太阳 5~10 分钟，1 岁后可晒 30~40 分钟，3 岁以上可在户外活动 2 小时左右（上、下午各 1 小时），在此期间可以进行一些户外游戏或做操等。

其他的户外活动还有早晨起床后的跑步，晚饭后的散步，周日的逛公园，不定期的旅游，爬不太高的山等。这些活动不仅晒了太阳，呼吸了新鲜空气，增强了体质，同时，又让孩子欣赏了祖国的大好河山，参观了名胜古迹，在家长的讲解下增长了知识，培养了爱家乡、爱祖国的情感，陶冶了情操。

条件允许的，夏天应教会孩子游泳，冬季教会孩子滑冰，做些冰雪上的游戏，这些活动不仅能增强体质，增强抵御寒冷的能力，还可以培养坚强、勇敢的性格。

儿童一定要每天坚持进行户外活动，当然，雾霾和恶劣天气就不要出去了。

记得我曾在日本参观过他们的托幼中心（1~3 岁）和幼儿园（3~6 岁），他们都是让儿童每天坚持 1~1.5 小时的户外活动，雷打不动。孩子入园后就在户外游戏，课间 10 分钟，午睡 1 小时后，尽量都在户外活动，让孩子充分接触大自然的阳光和新鲜空气。家长给孩子穿的衣服也很少，尽量裸露儿童的双臂和双腿，甚至冬季也给孩子穿短裤进行户外锻炼。他们认为"轻装便于活动"，裸露便于接受冷刺激锻炼，增强抵抗力。这些都是值得我们思考的。

要坚持教育的金规则
——尊重儿童

中华人民共和国成立之前，在长期封建制度的影响下，官尊民卑、男尊女卑、长尊幼卑的观念深深地影响着人们的思想和行为，以至于到了21世纪的今天，还有年轻家长很少想到对幼小的孩子也要尊重。他们认为，我生育了你，你就得一切听我的，不听话我就可以打你。例如，一个孩子不小心把碗掉在地上摔碎了，父亲上来就打他一巴掌，孩子不解且委屈地问："你为什么打我？"父亲说："因为你是我儿子，我是你老子，没有为什么！"孩子淘气把东西弄坏了，打；孩子玩游戏弄脏了衣服，打；孩子与小朋打架了，打；不好好学习了，打；在学校里不听老师的话，打。这样的孩子在家里、在社会上是没有人格和地位的。

中世纪的欧洲，儿童也是被管制的。自文艺复兴后，资产阶级在反对和推翻封建专制统治的斗争中提出了"人权自由"，要"讲民主、讲平等"。19世纪后，不少教育家陆续提出，在尊重人权（成人的）的同时，也要尊重儿童的人权，因为儿童也是人，但不是"小大人"，儿童就是儿童，因此提出要尊重儿童的年龄特点。20世纪初期，我国人民教育家陶行知先生就说："我们应该承认儿童的人权……

儿童人权从胚胎时就开始了……只有承认了儿童的人权才能更好地认识儿童、了解儿童和重视儿童。"幼儿教育家陈鹤琴先生说:"儿童是有与成人不同的特点的,他们是喜欢游戏的,喜爱户外活动的,喜爱与小朋友一起活动的,也喜爱受鼓励的……我们应该尊重他们的这些特点。"

有的家长说:"我怎么不尊重孩子了,他要怎样就怎样,都快爬到我们的头上了。"有位老人不无幽默地说:"自从我有了孙子,我就成孙子了,我家的大宝贝孙子是家里的小皇帝,说一不二!"其实,这种对待儿童的态度是放纵,是溺爱,是害儿童,绝不是真正地尊重儿童。

我们所说的尊重儿童,首先,就是要在了解和承认他的身体和心理发展水平、特点的基础上,对他提出合理的要求,并要求他能做到。如他已经自己会走路了,出门就不要再抱着他;他会自己吃饭了,家长就不要去喂他吃;他会自己拿东西了,他的小书包就叫他自己拿;他走路跌倒了,先鼓励他,给他加油,然后叫他自己爬起来,尤其是男孩子更应如此。随着年龄增长,应教会他自己洗手、洗脸,4 岁后学会用筷子吃饭,玩具玩过后要放到规定的地方，看过的书要放到书架或书桌上等。总之，培养他自己的事情要自己做好，学会独立、自信、自尊。年龄再大一些，还要学会帮助他人，如帮爷爷拿眼镜、拿报纸，帮奶奶拿拖鞋，帮妈妈摆放准备吃饭的碗筷，扫地，等等，做些力所能及的家务。

还有，我们所说的尊重儿童，就是要平等地对待他，尊重他的人格，注意倾听他的合理要求，尊重他的合理选择。成人在日常生活中要平等地用礼貌的语言和他说话，如"请你把茶杯递给我好吗？""请你把门关上。"当孩子帮你做到了之后，你应该很自然地向他说声"谢谢"。又如，你答应孩子的事，因特殊情况而没做到，也应向孩子说"对不起"以表歉意。如，爸爸答应今天回家时给孩子买一本书，由于开会的缘故，回来时书店已关门没买成，一定要对孩子说"对不起"，并说明原因。或是妈妈本应按时接孩子，但因路上堵车晚到了，也应对孩子说："对不起，妈妈来晚了，因为……"要表现出像对成人一样的歉意。这种真心诚意的态度会让孩子感到父母是尊重自己、平等地对待自己的，从而提升了自尊、自信的心理。同时，他也会像父母一样有礼貌地对待他人，从而养成良好的品质与行为习惯，这也是孩子学会做人所必须经历的。对于孩子的合理要求和正确选择，我们也应给予支持和满足，如他想吃草莓不想吃香蕉，他想穿这件背心不想穿那件衬衣，你都可以支持。又如他说想带芭比娃娃一起去公园，今晚想看这两本书不想看那几本书等，都应该让他有处理自己事情的自主权。当然，孩子不合理的要求我们也应通过讲道理，让他知道不能答应的理由。总之，要培养孩子正确地行使自己的权利，做一个有理智的孩子。

为此，坚持尊重儿童的原则并非一件容易的事。它可以看成是新时代的儿童观战胜旧有的儿童观的一场革命，是新时代培养新型人才所必须遵守的原则。

第 **12** 封信

要坚持教育的一致性原则

　　什么是教育的一致性？一方面是指家庭成员在教育观念、教育措施、教育步调上应该一致，而不能众说纷纭；另一方面是指教育要求的前后一致性，即对孩子的教育应该保持前后一致，切忌朝令夕改。

　　在我们现实的家庭生活中，常常会遇到许多对孩子要求不一致的做法。

　　例一，妈妈给3岁的宝宝五个又甜又大的草莓，宝宝吃完了还要，奶奶在一旁说："再给她两个吧。"妈妈说："她已经吃了五个了，不少了，不能再吃了。"奶奶又说："水果多吃点没事，再给她一个。"妈妈这时不理睬奶奶也不理睬宝宝。宝宝因此就向奶奶求援："奶奶，我还要！"奶奶一气之下去取了两个草莓放在宝宝的碗里，一边还说："不听你妈的，吃吧！"宝宝一边吃一边用胜利的眼神看着妈妈。从这以后宝宝知道，在妈妈那里得不到的东西在奶奶那里就可以得到。这样的结果弄得奶奶与妈妈之间很不愉快，经常这样不仅孩子学会了钻空子，甚至会造成婆媳失和，家庭不和睦。

　　例二，3岁的小欣上幼儿园已经一年多了，幼儿园有许多兴趣班，妈妈主张小欣学钢琴，爸爸主张他学绘画或棋类，奶奶则认为孩子太小，玩游戏就可以了，什么兴趣班也不去，等大了再说。小欣在一边听大人你一句，我一句，自己不知听谁的。爸爸问小欣："你想学什么？"小欣说："我不知道。"第二天，爸爸自作主张给小欣报了美术班，每周学两次，每次 50 元，一个月交费 400 元。妈妈则决定让小欣学钢琴，给他报了钢琴班，每周两次，每次 100 元，共交 800 元。到了下周二下午，妈妈先到幼儿园把小欣接出向钢琴班走去，路上和小欣说："今天是钢琴班第一天开课，你要好好听老师讲课。"小欣一听就急了，说："爸爸给我报了美术班，还说钱都交了，我不去钢琴班！"妈妈也急了，说："他什么时候告诉你的？怎么没和我说？我也把钢琴班的钱交了呀！还是 800 块呢！不管他，你还是跟我去钢琴班。"正走着，爸爸也赶到了，得知妈妈要带小欣去钢琴班，也急了，说："小欣，爸昨晚不是和你说好去美术班吗？"说着拉起小欣的另一只手就要带他去美术班。这时的小欣一边被妈妈拉着手要去钢琴班，一边被爸爸拉着手要去美术班，他不知所措，把两手都甩开，坐到地上大哭起来，一边哭一边说："我哪个班也不去，什么也不学了！"回到家后，奶

奶看到孙子满脸泪水，心疼地说："咱们不听他们的，咱自己玩，哪个班也不去！"就这样，一学期过去了，小欣什么也没学。

例三，有的家庭在孩子品行培养方面也表现出不一致的要求。有的妈妈不许孩子把自己的玩具给小朋友玩，怕弄脏了、弄坏了、弄丢了。爸爸则不在乎，认为应该从小培养孩子与小朋友们友好相处，相互交流，互相合作，主张玩具、物品相互分享。孩子大了，爸爸要求孩子自己的事情自己做，洗手、洗脸、穿衣、穿袜、穿鞋、整理被褥都要自己做，不应该让妈妈、奶奶做，上学后书包要自己整理等。然而，妈妈、奶奶认为这些生活小事不用孩子自己做，他只要好好学习就行，其他什么也不用做。结果，孩子到了六七岁时独立自主的行为习惯也没能养成。除此以外，生活中还会有许多事情，如吃什么，穿什么，看什么课外书，上哪儿去玩，假期如何计划等，家庭成员都可能产生不一致的想法、做法，处理不好，家中总是吵吵嚷嚷，不安宁，不和谐，对孩子心理的健康发展很不利。

怎样才能做到教育的一致性呢？

首先，每个家庭成员在思想上都要充分认识到教育一致性的重要和不一致所带来的不良影响。如前面所说，轻者孩子会无所适从，思想、心情很不稳定，如处事圆滑，或为了讨好一方，向另一方说谎等，严重的会导致抑郁症，或在性格上扭曲。因此，家庭成员必须认真对待，不能抱无所谓的态度。

其次，每个家庭成员为了做到对孩子教育的一致性，应该改变自以为是、唯我独尊、"只有我说了算"的霸道作风。当出现不一致情况时，应立即避开孩子，大家坐下来心平气和地商量讨论，交换看法，哪些对孩子是有益的、合理的，就坚持；哪些对孩子是不利的就放弃，这样孩子就会感到大家都是一样地对他，他的心理和行为也会很稳定，有利于形成良好认知能力和行为习惯。

前面所说的小欣参加兴趣班的事，据了解，全家经过一段时间的冷静思考，小欣的父母和奶奶一起坐下来商量，大家一致认为应该先听听小欣自己的想法，小欣说他想学舞蹈，结果大家一致同意。一年半后，在幼儿园毕业汇报演出上，小欣穿着白衬衫系着红领结，和一位女孩跳的西班牙双人舞非常精彩，最后获得了优秀表演奖。

小欣的父母深有体会地说："尊重孩子和坚持教育的一致性，才是孩子健康、快乐成长的保证啊！"

不要等孩子渴了才给水喝

　　年轻的父母一般比较重视孩子的饮食，却常常忽视孩子一天的饮水量和饮水习惯的培养。有时甚至当孩子渴得不行，向家长要水喝时，仍不注意让孩子把水喝足。

　　水是生命的源泉，也是体内所有食物、维生素和矿物质的主要溶剂。尤其在婴幼儿时期，正是快速成长发育的关键期，更不能缺少水。在正常情况下，成人一天需要摄入 2000 毫升的水（包括汤和水果里的水分），学龄前的儿童一天至少也需要 1000 毫升。缺水会在一定程度上影响免疫力。因此，成人一定要保证孩子每天喝到足够的水。

　　喝什么水好呢？当然是温的白开水最好，或是纯净水，也可有少量的鲜纯果汁。要坚决拒绝各种甜饮料，因为甜饮料成分非常复杂，含有各种色素、甜蜜素、香料、添加剂等，喝着又香又甜，所以孩子一喝就"上瘾"，但对孩子的健康很不利。个别孩子甚至长期拿甜饮料当水喝，十几岁就患上了糖尿病。所以，一开始就要培养孩子喝白开水的习惯，拒绝对健康不利的甜饮料。

　　那么，应该什么时间喝水，每次喝多少呢？

　　★早上起床后，可以给孩子喝一小杯温开水，因为经过了一夜，孩子排出不少尿液和汗液（夏天热，孩子爱出汗），体内就会失去不少水分，这时喝一杯白开水不仅能及时补充水分，还可稀释胃液，促进胃的蠕动以促进食欲，有利于早饭的消化吸收。早饭中如有牛奶、豆浆或稀饭，就不必再喝水了，如果是干面包、烧饼之类的，就要配以水、奶或豆浆等。

★上午 10 点左右应让孩子喝不少于 100 毫升的温开水。因为，这时幼儿已活动两个多小时，尿也排了，汗也出了，很容易出现缺水状况。因此，要让孩子喝足水，不是只喝一两口，而是喝足一杯水。

★午饭期间，最好配有汤类，先喝几口汤再吃饭，如汤量不大，饭后还可以再喝几口温开水。

★午睡后，如果有水果可暂不喝水，如果没有水果，应给孩子喝水。

★下午 3 点半~4 点，幼儿游戏过后，也是必须喝水的，至少喝一杯。

★晚饭如有汤或粥，就不用喝水了。

★睡前要喝一小杯水。

总之，每天要不间断地给孩子喝水，这是必需的营养，而且要养成喝水的习惯，绝不可忽视。

★要注意的是，有的孩子喜欢把水倒在饭里泡饭吃，觉得很顺溜，连饭带水一股脑儿下肚了，其实这是不对的。因为用水泡饭再直接吞下去就略过了咀嚼的过程，而咀嚼食物是消化必不可少的一个生理过程，咀嚼可以刺激消化液（唾液、胃液、肠液）的分泌，咀嚼不仅可以将食物嚼碎，而且会使食物与唾液充分混合以利于食物的消化与吸收。同时，对幼儿来说，咀嚼还可以促进牙齿的生长发育。如果孩子非常想在吃饭时喝水，那就一定要他在咀嚼完饭菜咽下去后再喝水。

根据营养学家实验分析，新鲜果汁虽然好喝，但营养成分在压榨的过程中已失去了不少，所以在孩子长牙后，还是尽量吃新鲜水果。

当孩子感冒发烧时，也要给孩子多喝水，一方面可帮助降温，一方面有利于排毒。

孩子任性怎么办?

　　任性，是指孩子不顾后果坚持做他不应该做的事的一种行为表现。孩子一般在两岁前很少有任性情况，随着年龄的增长，当孩子会走路了，会说话了，也会用语言、动作和表情表达自己的想法时，就有可能出现任性的现象。例如，有的孩子不好好吃饭，吃饭时总想着要看动画片，或非要下桌去玩玩具，家长要他吃完饭再去，他就是不听，有的甚至还顺手把饭菜倒在桌子上。还有，家长把饭菜喂到他嘴里，他就给吐出来。有的孩子跟父母去超市，看到他喜欢的玩具车、玩具枪、小娃娃等就要买，妈妈说家里已有许多了，今天不能再买了，他就不走，或坐地上哭着要，不给买就不起来。遇到这种情况，父母感到很无奈也很恼火，认为孩子越大越不听话了，没有办法也没有了耐心，于是自己也任性起来，抬手就打孩子，孩子挨了打受了委屈，更加不服，哭闹得更厉害，弄得孩子很不愉快，家长也很苦恼。

　　孩子为什么会任性呢？其实，孩子并不是天生就会任性的，究其原因，还是要从孩子从小到大所受的环境影响和教育方面来找。如，当孩子一岁以后逐渐有了自我意识，他开始感受到家长对他的态度，他要什么家长就给他什么，他想吃什么家长马上给他吃，他不想要的家长立刻拿走，他要出去家长立刻带他出去，他想玩什么玩具家长马上递上，他想看动画片，不管多长时间都让他看……家长总认为孩子小，什么都应该顺着他，舍不得让他有一点儿不顺心。孩子在这种环境和态度的影响下，自然而然就形成了以"我"为中心的心理定式，即我想要怎样你们都必须听我的，如果我的要求、目的没有达到，我就不适应，就难受，就要哭闹。这就说明我们对孩子的态度和教育方式出了问题，才导致他有任性的表现。

由此可见，要防止孩子任性，首先在孩子有了自我意识后，就应该让他知道哪些是可以的，哪些是不可以的，哪些是应该做的，哪些是不应该做的，哪些是对的，哪些是错的这些最基本的道德意识和是非观念，而不是"什么都由我说了算"的思维定式。

那么当孩子已形成了任性行为后，我们又该怎么办呢? 家长不能过急地纠正，毕竟冰冻三尺非一日之寒，在纠正时要一步一步地来，注意给他"下台阶"的时间和机会。父母要经常观察他，并判断出他最近可能要做一件不可以做的事，或是想买一个不该买的东西，事先给他做思想工作。例如，邻居小朋友最近买了一个新机器人玩具，他很可能也想要买一个，其实家里已有一个小机器人玩具了，这时，父母中的一人可事先和他谈话沟通，说我们家已经有了，将来还会有更好玩的机器人玩具，现在可以将自己的机器人玩具和邻居小朋友的机器人玩具放在一起玩，或换着玩。借以避免一场因孩子任性想马上再买一个机器人玩具（家长不想给他买）引起的"闹剧"。如果父母没有做好思想工作，下次去超市时，他就可能非要不可，否则就坐地上不起来，不买不走。这时父母就要下狠心，让他坐在那儿哭，不理他（这是一种策略），只和他说："你不起来就坐这儿哭吧！反正今天不能买，我们先回家了。"说完就"真"地走了，其实是躲到旁边一个孩子看不见的地方暗中观察他（要保证孩子的安全）。这时可以请售货员帮忙，悄悄地和售货员说："等他哭累了就叫他去找爸爸妈妈。"让售货员和孩子说："你不去追爸爸妈妈，怎么回家呢？"孩子听了售货员的话，不再哭，会马上从地上爬起来，追过来。这时父母可以出现在孩子面前，但还是不理他。等到家后，孩子的"火"已消了一大半，再和他讲为什么不给他买的道理，让他知道不应该买的再哭闹也不行。同时也让他知道他想要的东西一定得先和爸妈商量，可以买的才给他买，并帮他回忆以前给他买过的东西。让他在生活里的一件件小事中逐步树立起"可以"与"不可以"的是非标准和观念。

当我们发现孩子有任性表现时，不要一下子就把错误都推到孩子身上，说他任性不听话，父母应首先反思以前是否一直溺爱孩子，顺着他惯了。要改变孩子的任性行为，父母首先要改变自己的教育观念和行为。

下面讲一个教育孩子的成功案例。

一个星期天，小华的爷爷、奶奶、姑姑、姨都来到小华家，小华的爸妈张罗了一桌丰盛的饭菜，大家都坐到桌前准备吃午饭。妈妈叫小华来吃饭，告诉他大家都在等他，这时的小华正在卧室地上玩积木，玩得正在兴头上呢，听见妈妈叫他吃饭，便不耐烦地大声叫道："我不吃，我还没玩完呢！"妈妈隔一两分钟就叫他一次，叫了有四五次。小华不再理妈妈，仍在玩积木，一会儿用"机关枪"把积木打乱，再把积木垒成堡垒。"玩，玩，玩！"妈妈

生气地说，"大家都等你吃饭呢，你再不来我们就开始吃了，不等你了！"大家吃完饭把桌子也收拾干净了，坐一边喝茶，再也不去理睬小华了。大约过了半个小时，小华玩够了，也感到有些饿了，回到餐厅一看，桌上什么饭菜都没有了，立刻大喊大叫："妈妈，我要吃饭，我饿了！"这时妈妈假装冷冷地对他说："你不是不吃吗？大家等你来吃，叫你几遍你都不来，午饭已吃完了。"小华一听又大哭大叫，坐地上要吃饭。妈妈这时回卧室去了，留下小华一个人，任他哭闹。妈妈心想，我不能心软，一定要他尝到饿了的滋味。小华看看没人理他，自己起来擦擦眼泪又去卧室找妈妈，妈妈想，这时可以"下台阶"了，便说："你饿了，可是已经没有饭菜了，我只好给你找点别的吃的，先垫一下，等晚饭再好好吃吧。"爸爸借此机会教育小华说："吃饭时间到了就要吃饭，不能贪玩连饭也不吃，一定要按作息时间做事。特别是今天爷爷、奶奶、姑姑、姨都来了，等你你不来，多没礼貌，是不是？你自己还饿了肚子。"小华听了把头低下来，知道自己做得不对了。

小华妈妈说，从此以后小华再没有因为贪玩而影响吃饭。

第 **15** 封信

和孩子一起玩球的游戏

　　游戏是学龄前儿童生活的主要内容，也是他们最喜欢的活动。球是孩子喜爱的玩具之一。其实，有些父母自己上学时，也喜欢踢足球，玩篮球，打排球等。现在有了孩子为什么不和孩子一起玩玩球呢？和孩子一起玩，一方面可以使自己重温青少年时期玩球的乐趣，一方面又可拉近自己和孩子的距离与感情。孩子和父母一起玩球时，会更加兴奋和积极。

　　但是学龄前幼儿不可能像家长一样系统地玩好某一类球，只能是做一些基本的动作训练和简单的球类游戏。

　　下面介绍几种父母和孩子在家里共同玩的球类游戏。

　　1. 抛球，接球。可以两人对抛球，也可三人轮流抛接球，可记分算输赢，没接住球算丢1分，以增加游戏的趣味性。

　　2. 左右手单手拍球。计数，看谁拍得多，没控制住球，球跑了罚停一次，每次拍的次数多者胜出。可以左右手分别计数。

　　3. 左右手交替连续拍球。单手拍球熟练后可左右手交替连续拍球，以增加游戏的难度和挑战性。

计数算输赢。

4. 边拍球边向前走。距离可以由短到长，4 米、5 米、8 米、10 米等。计分算输赢，拍球走一个来回得 2 分，单程得 1 分。

5. 两人对拍球。甲拿球在地上拍两下，第三下拍给乙，乙接球连续拍两下再拍回给甲，如此连续玩下去，也可以三人玩。全家可以分组进行比赛，先计算孩子与父亲对拍的次数，再计算孩子与母亲对拍的次数，看哪组连续拍的次数多。

6. 跨腿拍球。拍球时使球从一条腿下通过连续拍，计数是从腿下通过算起。熟练后，再练习球从另一条腿下通过连续拍。可以单人左右腿比赛，看哪条腿下通过连续拍的次数多。

7. 拍球后转身 360 度接球再拍。转一次得 1 分。

8. 投篮练习。在室内或院内设置一个有一定高度（高约 1.5~2 米，可根据孩子年龄、身高随时调整高度）的小篮筐，让孩子立定投篮，或跑几步投篮。投进一球得 1 分。

9. 在院内平坦的地方画一个足球门，在与球门有一定距离的地方向球门里踢球（即射门），踢进一次得 1 分。父亲可以和孩子进行对抗赛，看谁把球

踢进球门的次数多。

家长们还可以创造更多的玩球方法，不限于此。

总之，坚持玩球游戏，不仅可锻炼孩子的体能，发展孩子的注意力、观察力、记忆力，手、眼、腿、脚、脑的协调能力，还可培养克服困难，坚持到底的精神和毅力，同时也培养了孩子的灵活性和兴趣的多样性。父母和孩子一同游戏还可以增强亲子间的认同感，有利于父母和孩子间的沟通与理解。

给孩子过个有意义的生日

　　给孩子过生日是每个家庭都很重视的一件事。一般做法是给孩子买个生日蛋糕，或带孩子去他想玩的地方玩玩，或送他一件小礼物等。但是，我听说过这样一件事。

　　有一位父亲是某公司的大老板，在儿子5岁生日那天，他在一家五星级豪华大酒店大张旗鼓地给儿子摆了一个"万元生日宴"，请亲朋好友及公司上下几百人参加。当然，受到邀请的人参加生日宴时都会给这个只有5岁的"小寿星"送上红包或礼物，礼物中有玩具枪、遥控小汽车、小机器人、名牌衣服和皮鞋、高级巧克力等各种玩的、用的、吃的，堆得像小山一样。父亲为儿子买了一个六层的大蛋糕，还摆了三十多桌宴席，有龙虾、海参等高档菜肴，真是好不气派。孩子过完生日回到幼儿园兴奋地说："我爸给我过生日，来的人可多了，我还得到了好多好多的礼物！"还说："谁听我的，我就让他玩我收的礼物（玩具），谁要是不和我好，我就不让他玩！"

　　我听到这件事后，首先感到这是非常可悲的。父亲的这种做法说是无知也不过分，这不是爱孩子而是在害孩子。在孩子和幼儿园小朋友的谈话中可以看到，在他幼小的意识中已经知道"我爸有钱有权，我可以利用这些为我做事"，这种思想发展下去难道不是很可怕、很可悲的吗？

这位大老板在炫富的同时好像是在展示自己对儿子的爱，其实这是不对的，因为给孩子过生日，核心思想是培养孩子的感恩意识和责任意识。让他知道爸爸妈妈是付出了很多很多辛苦才把他养大，自己一天天、一年年长大，要学着报答父母的养育之恩，做自己应该做的事，不仅要培养自己的独立能力，还要力所能及地去帮助别人，每长一岁，就应该增加一份责任。所以借着给孩子过生日炫富敛财的做法不仅不利于孩子，还在无形中助长了他与小朋友间攀比阔气和权势的不良风气，长此以往，对孩子形成良好的人格极为不利。

很巧，就在不久前，一天吃完早饭，我开门出去，正碰上从五楼下来的陈师傅一家三口。陈师傅在工厂做钳工，爱人是幼儿教师，女儿贝贝今年5岁了。我问贝贝："今天上哪儿去呀？"贝贝很有礼貌地回答道："奶奶好！我今天过生日，爸爸妈妈带我出去玩！"我立刻说："哦，祝你生日快乐啊！"我又问陈师傅："你准备怎么给贝贝过生日？回来给我说说，我好学习一下呀。"陈师傅说："行！"下面就是陈师傅说的贝贝过生日的全过程。

在贝贝生日的前两天，妈妈就问贝贝："再过两天就是你的生日了，你想要什么礼物呢？"贝贝说："我要个水果生日蛋糕。"妈妈说："那当然有了，除了蛋糕还想要什么？"贝贝调皮地说："那我就不知道了，这是你们的事了，什么都行。"妈妈知道孩子的要求并不高，只要是父母认可的她都会喜欢。等到生日那天，贝贝不仅看到了她喜欢的水果生日蛋糕，还见到爸爸妈妈手中都有一件礼物。等大家唱完《祝你生日快乐》，吃了蛋糕后，爸爸先打开礼物盒，是一只精美的小闹钟。爸爸问："你喜欢吗？你知道爸爸为什么送你这只闹钟吗？"贝贝很快就回答道："我知道，爸爸要我早上准时起床。"爸爸说："贝贝真聪明，你说对了。今年你已经 5 岁了，明年就要上小学了，生活和学习更要有规律、有计划，要把握好时间，什么时间起床，什么时间吃饭，什么时间出门去学校，什么时间做作业，晚上几点睡觉都要计划好，要学会自己管好自己，对吗？"贝贝说："我知道了，我特别喜欢这只小闹钟，爸爸，谢谢您！"接着妈妈也打开了自己的礼物，是一本图文并茂的绘本。妈妈一边翻着绘本一边说："这是一本培养良好行为习惯的绘本，你看这个小朋友在自己洗脸、洗脚，这个小朋友在浇花、扫地，这个小朋友在帮助老奶奶过马路，这个小朋友在公交车上给老爷爷让座……"贝贝说："我喜欢这本书，我已经长大了，自己的事情也要自己做，不让妈妈太辛苦、太劳累，我还要帮助老爷爷、老奶奶！"妈妈说："我太高兴了！"又激动地抱着贝贝说："我女儿真的长大了，越来越懂事了！"

贝贝又对爸爸说："爸爸，明天早上我 7 点起床，把闹钟定在 7 点吧，这样就不用您起来叫我了，我听到小闹钟的铃声就会自己起来了。"

听完陈师傅讲的这些，我感慨得很。这个温馨而有意义的生日很值得我们思考。

生日是每个孩子年年都要过的纪念日，而且随着孩子的成长，每年的这一天都应有不同的内容和意义。年轻的爸爸妈妈们，你们今年将为孩子过一个怎样既难忘又欢乐，既幸福又有意义的生日呢？

注意培养孩子爱阅读的好习惯

　　知识就是力量，书籍就是知识的海洋。成功的人士都是爱读书、爱学习的。孩子对阅读的兴趣与爱好是从看图画书和听故事开始的。因此，父母要循序渐进地引导孩子爱上阅读。

　　首先，在内容的选择上，要由图到字、由少到多、由简到繁、由浅到深。在孩子几个月时，父母就可以拿些色彩鲜艳、内容简单的图片让他观察，给他讲解图片上事物的名称、颜色和大小，引导他熟悉、认识这些事物。例如，大红苹果是圆圆的，紫色的葡萄是又小又圆的，黄黄的香蕉是弯弯的，小白兔有红色的眼睛、长长的耳朵和短短的尾巴，胖胖的大熊猫有一身黑白相间的绒毛，大象有长长的鼻子和又长又弯的牙齿，等等。

　　随着孩子年龄的增长，在孩子一两岁时，再给他看些能反映人与人的关系，物与物的关系，或人与物的关系，带有一定情节的图片故事，如"小鸡跟鸡妈妈去找虫子吃""小红和妈妈去公园玩""小翔哥哥和爸爸在跑步""大熊猫在竹林中吃竹子"等。等孩子长到三四岁时，可给孩子选择些情节相对曲折复杂、主题鲜明的童话故事，如《龟兔赛跑》《小蝌蚪找妈妈》《狼来了》《拔萝卜》《神笔马良》

以及《西游记》的某些章节等。

等孩子五六岁后，故事的内容可以进一步丰富和复杂，也可让孩子阅读些国外的著名童话故事，如丹麦《安徒生童话》中的《丑小鸭》《卖火柴的小女孩》《皇帝的新装》，德国《格林童话》中的《白雪公主和七个小矮人》《小红帽》《灰姑娘》，日本的《聪明的一休》《千与千寻》以及美国的《狮子王》等，不仅使孩子的眼界不断开阔，认知能力、想象力不断提高，而且还从不同情节的作品中体会、感知到什么是真、善、美和假、恶、丑，同时也培养了孩子的阅读兴趣。总之，不能一开始就给孩子看一些内容高、深、难的故事，这样会打消孩子阅读的兴趣。由于三至六七岁的幼儿正处于有意记忆发展较快的时期，此时也可以教孩子背诵一些我国经典的古诗词，以培养孩子对中华优秀传统文化的热爱和传承意识。背诵时，可以深入浅出地给孩子讲解古诗词的含义，以帮助孩子更好地理解和记忆。

在培养孩子阅读的方法上也要循序渐进，从认读、陪读，到孩子能独立阅读，同时，也要注意方式方法的多样性与灵活性。当然，在和孩子一起阅读时必须要有一个安静的环境和氛围。阅读时，一定要让孩子集中注意力，家长要陪孩子一起安静地边看边想，感知和想象画面里、故事中的内容含义及人物语言和心理活动，从而逐步理解故事的情节和主题。例如，和孩子一起读《拔萝卜》的故事，当孩子看了几遍有了印象后，就可以与孩子互动，家长可以问："老爷爷种了一个大萝卜，萝卜成熟了，可他自己却拔不动，怎么办呢？"孩子会答："找老奶奶来帮忙。"家长再问："老奶奶来了还拔不动，怎么办呢？"孩子会答："找小哥哥来帮忙。"家长又问："小哥哥来了，还是拔不动，又找谁来帮忙了？"……一直到孩子回答让小老鼠来帮忙，大家一起加油，最后把大萝卜拔出来了。家长可以借此点出主题：大家团结在一起才会有更大的力量（或人多力量大）。当家长看到孩子基本掌握了故事的情节和人物顺序后，就可以鼓励孩子自己独立把故事讲出来，这样会让孩子有成就感，更加有兴趣、有信心地去读另一些故事，并讲述另一些故事，巩固提升他们对阅读的兴趣。

当孩子进入小学后，认识的字多了，也学会了汉语拼音，家长可以买些注音的故事书，让他自己阅读，碰到不认识的字，就让他用拼音来认读，以此来鼓励他靠自己的能力完成阅读，进一步增强孩子阅读的成就感。

在阅读的时间方面，可以选择相对安静的时段，如早饭后、午饭后、晚上睡觉前等时段，阅读 20~30 分钟左右。随着孩子年龄的增长和阅读兴趣的增强，还可延长时间。在固定的时间阅读，有利于孩子坚持并养成爱阅读的良好习惯。

所有看过的图书都应让孩子自己保存好，放在规定的地方，摆放整齐。每次看书时，孩子自己去拿，看后自己放回摆好，如果哪页有破损也应和孩子一起用透明胶带粘贴好，让孩子养成爱惜书籍的好习惯。

除此之外，父母还应带孩子去书店看书、买书。可以和孩子一起选择他喜爱的书，一次不要买太多，先买一两本，可以等他看完后再来买新的，也可在孩子过生日或节日时送他一本他喜爱的书，还可带孩子到图书馆借书看。同时让他注意到在图书馆里看书学习的人也很多，感受到图书馆里安静、专注、好学的良好氛围。有些社区也会开展读书会、朗诵会、故事会等活动，家长应带孩子积极参与这些活动，有助于孩子养成爱阅读的好习惯。

附：十首可供幼儿朗读、背诵的古诗词。（仅供参考）

咏 鹅

〔唐〕骆宾王

鹅　鹅　鹅，曲项向天歌。
白毛浮绿水，红掌拨清波。

山村咏怀

〔北宋〕邵　雍

一去二三里，烟村四五家。
亭台六七座，八九十枝花。

静夜思

〔唐〕李　白

床前明月光，疑是地上霜。
举头望明月，低头思故乡。

悯　农

〔唐〕李　绅

锄禾日当午，汗滴禾下土。

谁知盘中餐，粒粒皆辛苦。

春　晓

〔唐〕孟浩然

春眠不觉晓，处处闻啼鸟。

夜来风雨声，花落知多少。

早发白帝城

〔唐〕李　白

朝辞白帝彩云间，千里江陵一日还。

两岸猿声啼不住，轻舟已过万重山。

咏　柳

〔唐〕贺知章

碧玉妆成一树高，万条垂下绿丝绦。

不知细叶谁裁出，二月春风似剪刀。

绝　句

〔唐〕杜　甫

两个黄鹂鸣翠柳，一行白鹭上青天。

窗含西岭千秋雪，门泊东吴万里船。

望庐山瀑布

〔唐〕李　白

日照香炉生紫烟，遥看瀑布挂前川。

飞流直下三千尺，疑是银河落九天。

游子吟

〔唐〕孟　郊

慈母手中线，游子身上衣。

临行密密缝，意恐迟迟归。

谁言寸草心，报得三春晖。

和孩子一起过好每一个节日

　　在我们的生活中，一年要过很多节日。有我们中华民族的传统节日，如春节、元宵节、清明节、端午节、中秋节、重阳节、腊八节等，还有一些重要的节日，如国庆节、建军节、教师节等。各民族也有其本民族的节日，如那达慕、古尔邦节、泼水节、火把节等。除此之外，还有一些国际性的节日，如三八国际妇女节、五一国际劳动节、六一国际儿童节，以及近些年在我国也流行起来的父亲节、母亲节等。每个节日不仅有特殊的活动，而且有的节日还会吃特殊的食品，如元宵节吃元宵；端午节吃粽子；中秋节吃月饼；腊八节吃腊八粥等。因此每个节日到来之时，孩子们都会特别期盼和高兴。

　　春节，是中华民族传统节日中的第一大节，这一天既是即将过去的一年之尾，又是马上到来的新的一年之初，对中国人民来说是最隆重的日子之一。因此，除夕的这顿年夜饭是最有讲究的，要求全家人欢聚一堂，有的地方对菜肴也有讲究，如菜肴必有十个，象征十全十美，其中必有鱼，象征年年有余，还要有四喜丸子，象征事事如意等。大年初一吃饺子，象征招财进宝；初二吃面条，象征长寿，面条要越长越好。除此之外，每家每户可能还有自己家的习俗。

除夕前各家门口两侧要贴春联，大门正中贴"福"字。春联大多是写好的，买来贴上就是，但是有些家庭喜欢自己写春联，主要内容是把大家对新一年的期望表达出来。如果孩子的语句被编进去，他会非常高兴和自信，也会在新的一年里认真执行自己所说的话。例如，有一家让 10 岁的孩子和大家一起写春联，孩子说："我希望今年学习比去年更好！"爸爸顺势写出春联的上联"子孙德才日日上升"，妈妈接着写出下联"健康务工月月创优"，爷爷来个横批"日新月异"。大家都说很好，很相称。就这样你一句我一句写出了全家满意的春联。

大年初一一大早，晚辈要给长辈拜年，长辈要给 18 岁以下的孩子发压岁钱，象征一年平平安安，事事如意。孩子得到了压岁钱，由谁管理又怎么支配呢？有的家庭亲朋好友很多，过年时孩子可收到几千元的压岁钱，少的也有几百元。明智的父母会和孩子一起管理使用，由妈妈负责保管，孩子记账，孩子用钱时要事先和父母商量，经父母同意后方可使用。例如，上六年级的小刚想买一双轮滑鞋学轮滑，可妈妈说这个月没有这项开支预算，小刚问妈妈能否用自己的压岁钱买，妈妈说："只要你愿意就可以用，因为轮滑是一项很好的体育运动，把钱花在这上我同意。"再比如，在汶川大地震时，电视台报道了全国人民援助灾区的情况，有的孩子非常同情灾区的小朋友们，慷慨大方地把自己全部的压岁钱都捐给灾区的小朋友买吃的、穿的和用的。

还有其他节日，如元宵节，家长可以和孩子一起看花灯、猜灯谜，家长还可以编一些简单形象的谜语让孩子猜，如"麻房子，红帐子，里面睡个白胖子"。当他猜不出时，家长可以拿一个带壳的花生，在他面前剥着吃，孩子一下就会猜出，这样他不但会很高兴，而且还会要你继续编，你可以再说一个，如"两个好兄弟，长得一样长，吃饭一块来，饭后一齐走。"又如"一个小动物，尖头又尖脑，身穿灰皮袄，晚上来偷吃，一见老猫它就逃。"当孩子猜时，家长可以反复多讲几遍，有时适当给点提示。当他自己猜出后会非常有成就感，也会激发他动脑筋，并学会根据已知条件去推断结果这种逻辑思维方法。

在清明节进行祭扫活动时，也可向孩子介绍老一辈的一些优良品质和事迹，让孩子继承良好的家风，如果家里有老一辈人留下的有纪念意义的物品，也应展示给孩子看看，让他留下深刻印象。

在端午节到来时，应给孩子讲讲屈原的故事：屈原投江后，人们不忍让鱼虾去吃屈原的身体，就用竹叶包了糯米投入江中喂鱼。这便是端午节吃粽子的由来。

当我们国家的国庆节到来时，家长应深入浅出地和孩子讲解一下关于国旗的知识：国旗的红色象征革命，旗上的五颗五角星及其相互关系象征中国共产党领导下的革命人民大团结。五角星用黄色象征红色大地上呈现光明，四颗小五角星各有一尖正对着大星的中心点，表示亿万人民心向伟大的中国共产党。我们要爱护国旗、尊重国旗、保卫国旗。

在国际性节日到来时，也要带孩子一起领悟其中的意义，感受其中的欢乐。如过六一国际儿童节时，不仅带孩子玩好、吃好，也要让孩子知道世界上还有一些国家和地区的孩子不仅缺吃少穿，有的甚至还要遭受战争与灾难的痛苦，我们以后有能力可以去帮助他们。当母亲节、父亲节到来时，也可让孩子想想自己能够做些什么让爸爸妈妈高兴，并祝他们节日快乐等。

　　总之，无论是传统节日，还是现代节日，或者是国际性节日来临时，家长都应抓住时机，根据不同节日的不同意义，去正面教育影响孩子，以培养孩子爱父母、爱家乡、爱祖国的情怀，所以，过好每一个节日不仅仅是吃好和玩好。

第 **19** 封信

要让孩子感知、体验和创造美

对美好事物与生活的追求是人的本性，也是人积极向上的一种思维动力。

什么是生活中的美呢？又怎样带孩子去体验、感知美呢？

首先，父母需要对大自然中的美和社会生活中的美保有敏感性，要会积极地去感知和体验这些美。

大自然一年四季的变化，花、草、树木、山峦、河流、日出日落、月缺月圆、星辰出没等，家长都可与孩子一起来观察、感知。如春天的小草绿了，河里的冰化了，树枝发芽了，叶子也一天一天变绿长大了，花也开了，五颜六色，又香又美；夏日蓝蓝的天空飘着的朵朵白云、黎明的日出、黄昏的晚霞、郁郁葱葱的植物、雨后挂在天上的彩虹、飞流直下的瀑布、争先怒放的花朵、在花丛中飞来飞去的蝴蝶……五彩斑斓，美不胜收；秋天田野里黄澄澄的油菜花，金灿灿的稻穗，风吹过来麦浪起伏好不壮观；秋日的水果更是琳琅满目，红红的苹果、黄黄的鸭梨，水蜜桃好看又好吃，紫色的葡萄挂满架子，还有趴在地里的西瓜、香瓜，又甜又解渴，真是数不胜数；到了冬季，孩子们最喜欢下雪了，大地如同披上了一件白色的大衣，大片的雪花如蝴蝶般在空中飞舞，树枝上挂满了亮晶晶的树挂，压得树枝弯弯的，好像开满了白色的小花，美丽极了!

总之，大自然的美既是无限的，也是多变的。

日常生活中的美也是处处可见的。各种亭台楼阁雄伟壮观，各个公园的设计有着不同的形式和特色，公交车、小轿车、高铁、地铁的造型和颜色都有着独特的美，人们的穿戴，各种生活用品也都多姿多彩。除此之外，还有人们的行为美和心灵美，这种美体现在遵守各种规则，文明礼让，互相帮助上。总之，不论是事物，还是人们的行为，在我们的日常生活中，美都是随处可见的。法国雕塑家罗丹曾有句名言:"世上并不缺少美，而是缺少发现美的眼睛。"只要我们用心去观察，带孩子一起去感知、体验，就会受到美的熏陶，就会不断提升审美的能力。

当然，生活中也有不美的行为，如随地吐痰、乱扔垃圾、打架斗殴等丑陋现象，家长可以借此让孩子感知什么是真、善、美，什么是假、恶、丑。通过对比启发孩子，让他们知道自己应做个什么样的人。

　　同时，艺术活动更是家长和孩子一起感知、体验、创造美的重要途径。例如，和孩子一起欣赏一些经典的乐曲，感受不同乐器音色的美，钢琴、竖琴、大提琴、中提琴、小提琴、萨克斯、双簧管、小号、二胡、古琴、古筝、笛子、唢呐等，虽音色各异，但演奏出的曲子都悦耳动听。家长还可根据孩子的兴趣、爱好选择一到两种乐器让孩子学习，在演奏中深入地感知、体验音乐的魅力。还可以与孩子一起欣赏经典名画，可以选择一些简单的、容易理解的作品学着欣赏，如齐白石的虾、鱼、昆虫、瓜果，徐悲鸿的马，丰子恺的人物，郑板桥的竹子等，一幅幅作品栩栩如生，令人叹为观止。还可以给孩子纸笔让他随意涂鸦，对他画出的图形，可以做出正面评价，鼓励、引导他由无意乱涂向有意绘画发展，也可请老师专门培养他学绘画。与此同时，还可以不定期地带孩子看些画展、摄影展、书法展，让他感知、体验美术的魅力。

　　家长还可以同孩子一起欣赏舞蹈美，如朝鲜族、蒙古族、维吾尔族、苗族等少数民族的舞蹈都很优美。其他国家如俄罗斯、印度、日本、泰国、西班牙、巴西等国的舞蹈也都有着鲜明的特色，可鼓励孩子去模仿、学习他们的舞蹈。此外，还可欣赏艺术体操、花样游泳、花样滑冰等运动之美，这些都有助于提升孩子的审美能力。

当孩子感知和体验到了大自然中、日常生活中及丰富多彩的艺术活动中的各种美之后，就会自然而然地去追求美、创造美，这不仅有利于他的智力发展，更有利于他形成真、善、美的道德品质和良好的性格，这正是孩子全面发展不可缺少的基本素质。

第 **20** 封信

请重视有第二个孩子后的
家庭教育

　　在国家三孩生育政策实行以后，每对夫妻可以生育三个孩子，因此许多家庭开始考虑要第二个、第三个孩子了，但是有些夫妻心中却有些忐忑，他们担心有了二宝之后，大宝能否接受这个新到来的小弟弟或小妹妹呢？如果大宝接受不了，那又该怎么办？在现实生活中，已经出现了类似的问题。有一个家庭，大宝已经5岁了，从小在家中独养惯了，因此不喜欢、排斥，甚至厌恶突然来到家中的二宝，他哭闹着不许父母把二宝抱回家，并威胁道，如果二宝要来家里，就把他扔出去。因为他认为有了二宝，爸爸妈妈就不喜欢自己了。还有一个已经上了初中的孩子，听说爸妈想要二宝就气得威胁父母说："你们要是再生一个，我立马离家出走！"可见，家里要不要第二个孩子不仅仅是夫妻两人的事，也跟大宝密切相关，如果处理不好，不仅会造成家庭不和，甚至还可能使二宝的生命受到威胁。有一个4岁的女孩，当她看见刚抱回的小弟弟睡在妈妈和她睡的大床上时非常生气，趁大人不在，一把就将刚出生十几天的弟弟从床上拽起来，脸朝下扔在地上，幸亏大人发现得早，否则后果不堪设想！当然，以上几个案例只是极少数，大多数情况没有这么严重，即便如此，我们也要高度重视。

　　当确定要第二个孩子后，首先必须做好大宝的思想工作。先要试探一下大宝是否愿意要一个小弟弟或小妹妹，如果他愿意，不反感，那就顺其自然，全家一起高高兴兴地等待二宝的到来；如果大宝表现出不太愿意，或有排斥心理，那家长就要立即着手做些有针对性的工作了。例如，父母要经常带着大宝与有小宝宝的邻居打招呼，主动热情地逗逗小宝宝，拉拉他的小手，也可以让大宝去拉拉小宝宝的小手，父母要表现出对小宝宝的喜爱，以此增加大宝对小宝宝的好感。父母还可有计划地带大宝到幼儿园中的托班去接触那里的婴幼儿（家长事先要和托班老师说明来意，并让大宝把手洗干净，得到允许后再进去）。父母可以去逗逗小宝宝，并用他的小手去触摸大宝的脸和手，让大宝觉得小宝宝很喜欢他，以此加深大宝对婴幼儿的喜爱。这样的活动可以多去几次，去之前可以征询大宝的意见："我们再去看看小宝宝吧，看看他是不是又长大了，他一定也想我们了。"逐步消除大宝对小宝宝的排斥心理。母亲怀二宝有胎动时，可以让大宝在妈妈的肚子上摸摸，感受一下胎动，再用神秘的口吻对大宝说:"他想出来找小哥哥(姐姐)玩呢!""有了二宝你就是大哥哥(大姐姐)了。""你带他一起玩多好哇!"等,经过不断的酝酿、感染,让大宝不仅不排斥,还产生期待感,希望早日看到二宝。

其次,在食物和用品上也要兼顾得当,同样的东西要给两个孩子每人一份。如饭碗、筷子、勺子、水杯、毛巾、被子、枕头等每人都有相同的一份,让他感到爸爸妈妈对他们是平等的,这有助于大宝树立与二宝分享、共处的意识。

再次,要注意培养大宝对二宝的保护意识和责任意识,让大宝知道二宝很小,不能让陌生人摸、抱,也不能让家中的宠物触碰二宝。当大宝做出保护二宝的行为时,如给二宝盖好被子、轰走蚊蝇、赶走宠物等,家长就应该及时肯定和表扬大宝做得对、做得好,让大宝有一种成就感。当二宝长大一些时,父母还可以让大宝给二宝喂几勺稀饭或者水果泥等,或者让大宝用玩具逗逗二宝,与父母一起推二宝外出晒太阳、散步。再大些时,可让大宝和二宝一起玩游戏,带二宝学走路等。总之,要通过经常互动,增进兄弟姐妹之间的情感,而不仅仅把看护二宝当成父母自己的事情。在这种多形式、多层次的互动中，不仅可以让大宝感受到有弟弟妹妹陪伴的快乐，而且还可以培养他作为哥哥姐姐的责任感，这样才能让两个孩子之间更加亲密、融洽、和谐、温馨！

和孩子一起体验探索的乐趣

　　孩子长到四五岁时，会对周围许多事物和现象产生疑问，如夏天为什么会下雨；冬天为什么会下雪；打雷、闪电是怎么回事；为什么母鸡会下蛋，而公鸡只会打鸣不会下蛋；为什么乒乓球会浮在水面上，而小钢球扔进水里马上就沉底了；红苹果是不是也像西红柿一样可以种在菜园子里等。总之，孩子会提出各种问题，我们很难用一两句话就解释清楚。当你回答不出或干脆不理他时，他就会感到很失落。孩子爱提问是一种好奇心，是拥有求知欲的体现，同时，提问题也是一种积极的智力活动，是对世界万事万物产生了探索的兴趣，是一种非常宝贵的品质，应该给予保护和鼓励。遇到这种情况，家长应学会用浅显的道理讲给他听，或和他一起去书中寻找答案，也可以和他说等你长大了学习了更多的知识就会知道了。而不能说他瞎想、瞎说、瞎问，这样会打压甚至泯灭孩子的好奇心。

　　为了保护和鼓励孩子的好奇心，父母可以和孩子一起做些小实验。如春天的时候，可以买来两棵西红柿苗种在盆里，给它施肥浇水晒太阳，让孩子观察它是如何一天天长大的。通过观察，孩子会发现它先是长出绿绿的叶子，然后开出小黄花，之后又结了小果子，小果子由小变大，由绿变红，最后就长成了我们可以吃的西红柿。到了秋天，还可带孩子去采摘苹果、葡萄、草莓，让孩子知道苹果是长在树上的，葡萄是长在架子上的，草莓秋天是在大棚里才能生长的，它们需要阳光、水、空气和肥料才能长得又大又甜。等到冬天，可以和孩子一起做"冰花"，当气温降到零摄氏度以下，晚上取小半碗水，里面平放一朵纸剪的小红花，再放一根线在水里，然后把它们放在室外。第二天早上，碗内的水已经结成冰，小红花和那根线都被冰冻在了一起。这时我们把冰碗拿回室内，再向碗内倒些凉水，冰块一会儿就会与碗脱离，抓住留在碗外面的线向上一提就能把冰花从碗中取出来，一朵美丽的冰花就做好了。通过这个小实验，孩子会具体而深刻地认识到水在零摄氏度以下是会结冰的。而在冬天，当气温降到零摄氏度以下时，空气中的水蒸气会产生凝华现象，这就形成了我们看到的霜（如窗上的霜花）和雪。我们还可以拿一个冷冻过的盘子，接一些雪花在盘子里进行观察，这些雪花可都是六角形的，为什么都是六角形的呢？这与水汽凝华结晶时的晶体性质有关。

　　父母也可以和孩子一同记录一年四季气温的变化过程。可以分别在春、夏、秋、冬四个季节里各记录两个月的气温，这样一路记下来就可以清楚地看到春天气温渐渐地变暖，到夏天气温升到了最高点，秋天温度又会慢慢地降低，到冬天气温就会降到零摄氏度以下直至达到最低点，这就是一年四季气温的变化过程。至于为什么会这样变化，可以告诉孩子这是复杂的地理知识和物理知识，等他长大学了这方面的知识就明白了，以此鼓励孩子好好学习，掌握更多的知识。

　　下面是一位父亲带孩子探索的故事。小宇的爸爸从工厂的废物箱中发现一小块磁铁，把它带回家放在一个小铁盒里，然后对小宇说："爸爸能用这个小盒子吸起一个小铁勺。"说罢就用小盒子吸起了一个小铁勺。小宇看到后觉得很神奇，自己也想试试。这时爸爸双手背在身后很快把小盒内的磁铁取出，把空盒子交给小宇，小宇拿起空盒子去吸小铁勺，却怎么也吸不住，他奇怪地问爸爸："为什么你能吸上我就吸不上呢？"爸爸就拿出磁铁，告诉小宇这是磁铁，可以吸引所有的铁制品。小宇明白后高兴极了，说："爸爸，我也要用磁铁去试试。"他拿着这块磁铁去吸报纸，发现没有反应，又去吸玻璃杯，也没反应，他忽然想到妈妈的发卡可能是铁的，他试了一下，果然发卡被吸住了，他高兴地叫妈妈看。第二天，小宇把这块小磁铁带到幼儿园，去吸许多东西，如铁质小汽车、变形金刚、小铁盒、小钢球、曲别针等。爸爸要求小宇玩完磁铁后千万不要放在钟表旁边，因为钟表的指针大多是金属做的，磁铁靠近会影响指针的准确度；更不能把磁铁随便放在某些病人身上，因为有的病人体内放了钢板，有的病人心脏或大脑中植入了金属支架，这些东西都不能接近磁铁，否则会有危险。

除此之外，小宇爸爸还带小宇去实验室用显微镜观察放大后的叶脉、蝇蚊的翅膀、蚂蚁的触角等。小宇在和爸爸一起探索的过程中，不断增强了学习的兴趣，上小学后他的成绩一直很好，学习的兴趣也一直很浓厚。

第 **22** 封信

感恩教育不可缺

十几年前，我在电视上看到一则让我十分痛心和悲愤的消息：一个 19 岁的青年，因为母亲当天没有给他 10 元零花钱，一怒之下就用刀把母亲杀害了。看到这里，我的心痛得一下子揪在了一起，多么匪夷所思的事情啊！据了解，这位单亲母亲在培养儿子的过程中特别辛苦，母亲希望他能好好学习，考上大学，将来有个好工作，过上好日子……没想到只因当天没有给儿子 10 元零花钱就被他残忍地杀害了。我一直在想这是为什么？为什么他能这么丧心病狂地用刀刺向自己的母亲？

我冷静下来，了解了他的成长过程。他幼年生活在农村，6 岁时父母离异，母亲省吃俭用，与儿子相依为命。母亲白天出去搬砖、干苦力活儿，早晚还去捡废品卖些钱供他上学。母亲告诉他，只要好好学习，别的什么都不用管。久而久之，他心中只有自己，根本看不到母亲为他所做的一切。他认为母亲就应该为自己做这些，这种自私自利的心理已经发展到极端的程度，对母亲不仅没有一点儿感恩之心，反而怨恨母亲没满足自己的需要。这是个血的教训，是真真切切发生在我们身边的事情。

感恩父母、孝敬老人是做人的根本，一个连自己父母都不爱的人，长大后如何能做到爱人民、爱祖国呢？！感恩教育不是停留在口头上的，也不是一蹴而就的，应该从小就培育孩子建立起感恩的情怀和意识。

　　我一直相信"人之初，性本善"。而且学前儿童的情感也更容易受亲人的直接影响。在我女儿两岁时，我在报上看到一个幽默小品文，觉得非常好笑，就笑出声来，我的女儿在旁边看见我笑，也跟着大笑起来。在这之前，我听到带我长大的王奶奶去世的消息后，一直在流泪，那时我女儿才一岁多，她坐在我腿上，看到我哭泣的样子，小嘴撇了一会儿，"哇"的一声也哭起来，我立即抱起她说："妈妈不哭了，冬冬也不要哭了。"她还用小手给我擦眼泪。我这一哭一笑都影响了她，这让我更加相信孩子的情感是可塑的。因此，感恩教育就要从孩子一两岁有了自我意识时开始进行。

　　感恩教育如何开始呢？我认为应该从"两小"和"一全"开始。

　　"两小"就是一要年龄小，二要从小事抓起。从孩子一两岁吃东西时就要让他知道好吃的东西应与他人分享，如果孩子很喜欢吃奶油蛋糕，就让他分给爸爸妈妈每人一块，如果长辈也在，也分给他们每人一块。不要觉得大人怎么还和孩子抢吃的呢，这不是和孩子抢吃的，而是教育他心中要有他人，不管吃什么都要大家分着吃，不能让他吃独食。平时也要让他知道妈妈爸爸或奶奶爷爷给大家做饭的辛苦，五六岁时就可让他帮忙做些力所能及的事情，如择菜、洗菜、收拾菜叶等。在接受他人给自己吃的东西，或给自己买的玩具、衣服、鞋、帽子等物品时，会主动说"谢谢"。

"一全"就是这种"两小"的教育要全家一起做到，而不是有的人这样做，有的人却不这样做；或是有时候这样做，有时候又不这样做。不一致、不坚持就难以形成主观意识和行为习惯，而且在认识上会产生混乱。所以全家必须统一认识、统一行动，这样日积月累，孩子才会在环境和教育的影响下形成感恩之心，为今后爱父母、爱亲人、爱集体、爱家乡、爱祖国打下良好的基础。

你们发现孩子潜在的
智力优势了吗？

　　记得在一个周末，我在院内和邻居王奶奶聊天，一会儿她的儿子、儿媳带着六七岁的孙女玲玲来看望她。王奶奶高兴地问："玲玲，上小学了，学习怎么样啊？"玲玲妈妈在旁一听就说："别提了，期中考试班上百分之八十的人都考了双百（语文、数学满分都是一百分），而她才考九十几分，都是马虎大意扣的分。"玲玲在一旁辩解说："反正我都会，为什么一定要考双百？"玲玲妈妈又说："还有理了？尽玩那些没有用的游戏，手机、电脑一玩起来就没够。还有魔方，玩得可溜了，几分钟就能把六个面同色还原。看见她爸在电脑上写材料、画图纸，她也要爸爸教她用电脑画画，她爸被她缠得受不了，只好给她买了一台电脑叫她自己玩，她又吵吵要她爸送她到电脑编程班学习，对学习一点儿都不上心，真是愁死我了！"

　　王奶奶听后也有些无可奈何，我听了玲玲妈妈的话后很高兴地对他们说："你们不该愁，应该高兴才是！玲玲是个聪明的孩子，她虽然在考试中没考到双百，但这不能绝对地说是不好，因为我们不能把考双百当成优秀的唯一标准。刚才听你说，她在几分钟内就能把魔方六面同色还原，这对一个六七岁的孩子来说太不容易了。她还想学电脑编程和画图，真是一个 IT 领域的好苗子呢! "

美国心理学家霍华德·加德纳博士在长期大量的实验中发现，人类普遍有八种不同的智力潜能: 一是语言方面的智力潜能; 二是逻辑数学方面的智力潜能; 三是空间知觉方面的智力潜能; 四是身体运动方面的智力潜能; 五是音乐方面的智力潜能; 六是人际交往方面的智力潜能; 七是内省方面的智力潜能; 八是对观察自然方面的智力潜能。

每个孩子在发展过程中都会有不同的兴趣、爱好或智力优势。这种潜在的智力优势如能早发现、早培养，孩子就可能在未来的发展中取得不可估量的成就。

加德纳博士的理论给我们开拓了一个新的视角，即应培养多方面的人才。从玲玲的兴趣、表现、能力倾向上看，她的逻辑数学及空间知觉潜能比较好。我对王奶奶说: "您不用愁，就让玲玲按她自己的兴趣和想法好好学习，好好发展下去，保准是个优秀的人才呢! 不一定非逼着玲玲科科都考一百分，但是基础知识一定要牢固掌握。"

王奶奶听后，虽然半信半疑，但也高兴地说:

"好，不逼她，让她顺着自己的想法好好学习就成！"

在此，我又想起了另一个男孩子小涛的成长经历。他上中学后，数理化学得非常吃力，父母给他请了老师帮他补习，他仍旧觉得很难，成绩经常不及格。为此，班主任时常找他父母谈话，他认为班主任是在向他父母告状，非常反感，有时干脆就不去上课了。他爸爸一听小涛逃课，不是打就是骂，小涛正处于十三四岁的逆反期，觉得既然你打我、骂我，我就更不听你的，你把我踢出门外，正好我就去街上的网吧上网玩游戏。这样小涛既不去上课，也不回家，小涛的爸爸妈妈打骂都没用，真是束手无策。小涛爸妈都是做国际贸易的，经常去国外，想着干脆给他送到外国换个环境，叫他独立面对一切。到外国后，小涛进入了一所普通中学，该校除了文化课外还可选修一门自己感兴趣的课，不仅如此，这个学校平时也没有什么考试，小涛的压力一下子就没有了，并选修了美术。小涛把大部分时间用在他喜欢的美术课上，期末考试文化课基本都通过了。中学毕业后，爸爸妈妈同意他不考一般高校，而是考了艺术院校。小涛学习美术后如鱼得水，进步很快，还获得了全年奖学金。看来，他的潜能优势是空间知觉和自然观察力。现在小涛正读艺术学院美术系二年级，他说毕业后要回国开一间美术工作室。

小涛的父母和我谈起这事时深有感触地说："对孩子的了解，是父母教育孩子的前提条件。小涛的成长过程也进一步证实了加德纳博士的理论，即每个孩子都有其独有的优势潜能。如果我们后来不是给小涛创造了自由发展的空间，让他的优势潜能得到发展，而是一个劲儿地要求他去学好数理化、考高分，不仅达不到目的，还压制了他美术方面的优势和特长。看来每位做父母的都应了解这个理论，也要充分了解自己孩子的优势潜能，早发现、早培养，让每个孩子都能快乐、健康地成长为有用之材。"

对孩子行为的奖惩
要分明且有度

　　在日常生活中，当孩子做了一些力所能及的事情时，家长应以肯定和鼓励口吻对他说："宝宝做得对！""宝宝做得好！""你会自己穿衣服、穿袜子，还会扣扣子了。"当孩子主动帮助爷爷奶奶拿书报、眼镜、拖鞋等物品时，也应及时给予肯定或表扬，如"宝宝还会帮助爷爷奶奶做事了，真棒！"这些肯定和表扬对孩子来说是一种鼓励，会让孩子感到"我做得对，我做得好"，以后他还会这样做。同时，也增强了他的成就感，让他变得更有自信了，这对孩子是一种正向的、积极的心理暗示。当然，家长也可在语言表达的同时，拥抱一下孩子或亲吻一下他的小脸蛋儿，这对孩子是一种更有力的鼓励，会给孩子留下深刻的印象，对孩子形成良好的行为习惯与性格是非常重要的。

　　现实生活中，由于环境的影响，有的孩子会养成一些不良的行为习惯，如叫他洗完手再拿东西吃，结果他偏用脏手抓东西吃；玩过的玩具丢得到处都是，叫他收拾一下就是不做；和爸爸妈妈去商场要买这买那，不给买就不走。更有甚者，在和小朋友玩时，稍不顺自己心意就用玩具打小朋友，或故意把小朋友搭建好的积木打乱、捣坏等。对于这些不良行为，家长当然不能视而不见，听之任之，也不能简单地把孩子踢几脚、打一顿，这种简单粗暴的做法是不能解决任何问题的。

对于孩子的这些不良行为，家长的处理方法一定要具有疏导性和说理性。因为孩子的不良行为，甚至是错误行为的动机与成人做坏事的动机存在本质上的不同。孩子的不良行为大多是由于任性，或是以自我为中心形成的结果，他们并不知道其后果的严重性。家长要根据具体情况进行劝导、批评甚至处罚，目的是让孩子知道为什么这样做是不对的，有什么不良后果，让他改正过来，而不是为了处罚而处罚，也不是为了自己出气而处罚，更不能滥用家长的权威过度惩罚。 如 5 岁的小军在外面玩完进屋后，看见桌上放了一盘妈妈刚炸好的香喷喷的小肉丸，就直接用小脏手抓起一个放进嘴里，之后又去抓第二个，正好被爸爸看见，爸爸就打了小军一下，小军顿时疼得大哭起来，边哭边问："爸爸，你为什么打我？"爸爸说："因为你偷吃丸子！"小军委屈地哭个不停。其实，对孩子来说这不是什么大错，更不能上纲上线说成偷，应该好好和孩子讲清楚道理，告诉他用脏手拿东西吃很不卫生，容易生病。而且先尝一个就行了，不要吃起来没完，因为这是妈妈做给大家吃的，你要是都给吃完了大家还吃什么呢？如果你想多吃可以先请示一下爸爸妈妈，得到允许了再吃，这是规矩。爸爸如果这样给小军讲道理，小军既明辨了是非，也知道了以后该如何做，就达到了教育孩子的目的，而不是简单粗暴地打他了事。如果孩子真出现了严重的不良行为，如捣坏小朋友搭好的积木，用积木打砸小朋友，甚至推倒小朋友且不听劝阻，就应该对他实行严厉处罚。严厉处罚并不是打孩子，而是把他暂时隔离在一间空房内，如果没有空房间就在共用房间的一个角落，让他面向墙壁站在那里反省 10~20 分钟。其间，不许他玩游戏，让他想想自己错在哪里，就算他大哭大闹也不理他，直到他安静下来想通了，知道自己错在哪儿了，明白自己的行为会给别人带来严重后果并表示会改正之后，再让他去玩。家长绝不可以打孩子，因为这不仅会给孩子的身体带来损伤，也会对孩子的神经系统和心理造成伤害，这种伤害有时甚至是不可挽回的。所以，打孩子是绝不可取、绝不正确的处罚方式。

当然，过度的表扬也不可取，否则孩子只会为了得到表扬才去做，使表扬失去了应有的作用与价值。家长可以在孩子确实做出了努力或克服了一定的困难才完成一件事的时候给予表扬，从而让孩子懂得努力的重要性。

总之，正确地运用劝导、批评、惩罚、肯定、鼓励、表扬是教育子女的一门艺术，家长们一定要用心体会，学习、掌握好这门艺术。

不要给孩子乱扣帽子

接下来，我们要谈一个经常被家长忽视，却又非常重要的问题——给孩子乱扣帽子（定性）。学龄前儿童在成长中难免做出一些错事，有时是因为好奇，有时是管不住自己的肢体，这时就需要家长理解、帮助和引导，让他们不再犯类似的错误，而不是轻易给孩子乱扣帽子。

案例一：有一天，5岁的小宇在院子里玩累了，回屋正想喝水，看见桌上放着几串又大又圆的葡萄，就拿起一串坐那儿吃起来。吃了两串之后，他又想到外面与邻居小武跳绳，就把吃剩的葡萄皮和籽扔进垃圾箱后找小武跳绳去了。跳完绳回到屋里，看到妈妈正在质问爸爸："是不是你吃葡萄了？我买回来了好多葡萄，洗干净放在盘子里，准备等大家回来一起吃，一转眼，怎么就剩下这两串了？"爸爸说："我什么时候吃葡萄了？我根本不知道你买了葡萄哇！"妈妈这时看到小宇回来，又质问他："是不是你偷吃了葡萄？"小宇见妈妈的脸色不太好，又说是"偷吃"，便不敢承认，怯生生地说："不是我。"说完就躲进自己的屋里。妈妈认定是小宇偷吃的，就追到小宇的房间再次质问他："是你偷吃的对不对？为什么偷吃了还说谎？"小宇吓得一下抱住妈妈大哭起来，说："我怕。"小宇一是怕妈妈说他是"小偷"，他知道小偷是坏人；二是怕妈妈生气打他。妈妈看小宇哭得那么伤心，自己心也软了，抱着小宇给他擦眼泪，爸爸这时也过来说情："好了，以后不要再偷吃、说谎了，不哭了，擦擦眼泪该吃饭了。"就这样，爸爸妈妈一下子就给小宇扣上了"小偷""说谎"两顶帽子。

对于像"小偷""说谎"这种生活中的反面概念，孩子虽然了解得不多，但大概知道这不是好孩子应有的行为。因此，当家长给孩子扣上这两顶帽子时，他就会有很大的心理压力，这对于孩子心理的健康成长非常不利。其实小宇吃葡萄时根本没想去偷吃，也没想说谎，只是在家长小题大做地威逼下，吓得不敢承认，没敢说真话，与社会上那些坏人的行为有着本质区别，所以，家长千万不可随便就把这些定性的坏帽子扣在孩子头上。反之，如果家长经常随口说"偷哇，抢啊，说谎啊"等概念，久而久之，孩子也就不以为然，反而容易学坏。所以，从小就应该让孩子远离这些反面概念，对那些坏人、坏事、坏行为产生厌恶感。

案例二：5 岁半的小刚随妈妈坐公交车，上车后看见一个六七岁的小女孩，身穿白纱裙，还戴了一对耳环，耳环下面吊着一颗珠子，车一动珠子也跟着晃动。小刚觉得很好玩，就用手去抓小珠子，结果车一顿，小刚的手正好不小心碰到小女孩的脸，小女孩吓了一跳，大声喊："妈妈，他摸我脸！"她妈妈回头一看，发现是个小男孩，就冲着小刚的妈妈说："你也不管管你的儿子，这么小就干这种流氓事！"小刚的妈妈听人说儿子耍流氓，自己脸上也挂不住，就打了小刚，小刚委屈地哭了。回家后小刚妈妈又把这事和小刚爸爸说了一遍，更加重了小刚的心理负担。小刚知道耍流氓不是一件好事，所以心理压力越来越大，晚上睡觉做了个噩梦，梦见自己被人追打，惊醒后还哭着说："我不是坏人！我不是流氓！"小刚妈妈见状心疼地说："小刚不哭，小刚是好孩子！"小刚才慢慢安静下来。试想，如果当时小刚妈妈理解小刚的好奇心理，向小女孩及她妈妈解释一下："他是看你耳环的珠子很好玩，就用手去摸，以满足自己的好奇心，结果不小心碰到了你的脸，他不是故意的，请你原谅他，好吗？"这事也就不会成为小刚的梦魇了。如果小女孩的妈妈大度一些，把小女孩的耳环取下给小刚看看，摸一下小珠子，满足小刚的好奇心，这样就更完美了。

　　还有，当孩子在课堂上坐不住，听不进去老师课上讲的内容，回家完不成作业的时候，有些父母还会说："你怎么跟猴子一样，上课都坐不住！""你的脑子是猪脑子啊，这都不会！""我怎么生了你这么个蠢货！""真是不可救药！"等刺激性语言，虽然他们说这些话的出发点是为孩子好，替孩子着急，恨铁不成钢，但是这些父母没有想到，这样的话会严重挫伤孩子的自尊心，这种语言暴力绝不亚于肢体暴力，是应该被禁止的。所以，无论是乱扣帽子，还是语言暴力，都不应该发生在孩子身上。正如我们前面所说的，父母要做到了解、尊重孩子，耐心、正面地引导孩子。

第 **26** 封信

做父母的要端正自己的言行

有这样一个真实的故事，李娜和陈宏宇是一对恩爱的夫妻，两人都受过高等教育，毕业于同一所大学，恋爱两年后结婚。李娜聪明能干，做事麻利，宏宇性格内向，做事有些拖沓。结婚前，两人因怕失去对方，相处时都有所遮掩，遇事双方也比较谦让。结婚后，因为每天都生活在一起，两人就放开了自己的性子，各自的缺点就都显露出来了。其实，李娜嫌宏宇做事拖拖拉拉，扫个地扫半天也扫不干净，说他不光做事笨而且又懒又馋。开始宏宇以为她是开玩笑，笑一笑就过去了，仍旧我行我素。而李娜却不是闹着玩的，由日积月累的不满逐渐形成了对宏宇的固定看法，并通过习惯性的语言表达出来。例如，有时干脆不叫他的名字直接叫外号，"懒猪，起来吃早饭了！""大馋猫快来吃糖醋鱼。"等。宏宇虽不爱听，但是因为自己不会做什么，只能等着吃现成的，听惯了也就无所谓了。特别是当他知道李娜怀孕后，更是不敢得罪。不久，孩子出生了，取名小翔。由于有了孩子，家中的琐事多了起来，宏宇又常常不能及时帮上妻子的忙，妻子的叫骂声就习以为常了。李娜开始把全部精力都放在孩子身上，对宏宇的关心越来越少。宏宇不仅感到失落，而且有时也会觉得孤独，闷闷不乐。于是他学会了抽烟，还不时一个人偷偷到小饭店去喝酒消愁。

　　孩子慢慢地长大了。正如一位名师所说，孩子的耳朵犹如录音机，眼睛犹如录像机，家长的言行都会录进孩子的大脑，刻在心里。妈妈对爸爸的叫骂和不尊重的态度，小翔看在眼里，记在心里，慢慢地他也学会了妈妈对爸爸说话的态度和方式，例如，"狗熊，你背背我，我走不动了。""懒猪，吃晚饭了。""馋猫，不许你吃，这是妈妈给我做的。"等。小翔长到五六岁时，不但对爸爸没有一点儿感恩之心，而且还看不起爸爸，自己的事情不愿做，常常叫爸爸替自己做。在幼儿园对小朋友也不友好，看到有的小朋友搭建的积木不如自己时，就说人家像笨猪，小朋友都不愿意和小翔玩。小翔的老师几次和他的父母反映都没有引起他们的重视。直到小翔幼儿园毕业前，小翔的老师和小翔妈妈做了一次深入的谈话，老师说："小翔是个聪明的孩子，学东西很快，但是有些不良言行非常不好，必须改掉。比如，对小朋友说一些很不礼貌的话，我问他从哪儿学来的，他说妈妈就是这样说爸爸的。我又问他爸爸这个时候会说什么呢？他说爸爸从来不说什么，

就低头抽烟。"说到这儿，老师像是忽然想起什么来，说："有一次我看见小翔和一个男孩子躲在操场滑梯下面拿烟玩，被我给没收了。我问他烟从哪儿来的，他说从他爸爸的衣服口袋里拿的。"老师又接着说，"小翔妈妈，事情已经很清楚了，小翔就是在耳濡目染中和你们家长学会了这些不尊重他人的言语和行为，做出了不该做的事。你们确实应该注意自己的言行，要给孩子做良好言行的表率。"老师又说道，"我们班有个叫媛媛的孩子，非常懂礼貌，还能帮助别人。有一次午睡起床后，同学倩倩拿着一根香蕉正要吃，忽然，一个男孩跑过来撞了倩倩，香蕉就掉在了地上，还被踩了一脚，完全不能吃了。媛媛看到后，立刻把自己手中的香蕉分一半给倩倩，说：'没事的，咱俩分着吃。'说完又去找来纸帮倩倩把地上的香蕉擦干净。当时，我非常感动，想想也不奇怪，因为平时媛媛的爸爸妈妈来接媛媛时，言行都是非常礼貌的。有一次，同学元佳的爸爸出差，妈妈由于单位开会，6点才能来接元佳，元佳要在幼儿园等一个多小时才能回家。媛媛爸爸知道了就对我说：'我们把元佳先带到我家吧，她们家和我们一幢楼，是邻居，你告诉她妈妈下班到我家来接元佳，不然元佳一个人在这儿等多没意思呀！'元佳一听非常高兴，就和媛媛一起走了。媛媛父母这种助人为乐的精神也就很自然地影响到了媛媛。"听到这儿，小翔的妈妈似乎有些感悟地说："谢谢你给我上的这一课！"老师说："这就是我们一再强调的要让孩子做到的事父母自己一定要先做到，而且要在各方面都给孩子树立一个好榜样，这样才能培养出孩子的良好品德。"小翔妈妈从此深刻反省自己，并和小翔爸爸商定一同改正各自的缺点。小翔妈妈还当着小翔的面向小翔爸爸道歉，说自己不该说难听的话，不该不尊重他等。在父母的共同影响教育下，小翔也改正了缺点，一天比一天进步，在小学毕业时，成为一名品学兼优的好孩子。

以上就是小翔与爸爸妈妈的故事。小翔的老师把这个故事讲给我，我感谢她给我提供了一个生动、真实的例子。这也是告诫我们，父母的言行对孩子有着极其重要的影响。

我想向你们介绍一位
日本母亲的教子观

　　有一次，我在日本大阪参加一次国际会议。在会议上，我认识了小林信子女士。会后，因为我和同去的卢教授回国的机票是第二天下午的，小林信子女士为了让我们节省一天的住宿费，便邀请我们去她家住一天，这使我们有了近距离的接触，也让我更进一步了解了她的教子观。

　　小林女士是位幼儿园园长，毕业于东京某大学保育系。她有一个5岁多的儿子，叫尤克（音）。她家住在大阪市郊区，上下班开车要45分钟，途中，她要把尤克送到另一所幼儿园。我问她："为什么不把尤克放在自己的幼儿园？这样不是更方便吗？"她说："我是园长，教师和保育员们对我的尊重多少会让尤克产生一种不同于其他孩子的优越感，所以，我宁愿费点劲，把他送到别的幼儿园。"听了她的话，我顿时肃然起敬。

　　在家里，尤克有他自己的房间，床、衣柜、玩具柜、书柜等都由他自己管理。晚上铺床、早上叠被子要自己做，第二天早上起来穿什么衣服也要自己事先选好、搭配好。尤克的玩具柜稍显凌乱，衣柜、书柜是整齐的，画报和大书放在下面，小些的书放在上面。尤克不仅有自己的房间，在大厅里也有他专属的活动区。这是由一块地毯划定的区域，他可以坐在这块地毯上听大人谈话，也可以安静地在这个地方做自己喜欢做的事——玩拼图、搭积木、看书等，从不打扰大人。在地毯旁的墙上还挂有尤克的摄影作品，据小林女士介绍，尤克不仅爱画画，还喜欢摄影。她指着墙上的照片说，那就是尤克拍摄的邻居家的小狗。此外，地毯上还放着一个大靠垫，玩累了可以靠在垫上休息。

晚饭后在我们交谈时，尤克跑到邻居家找小朋友玩去了。大约8点多钟，他回来了，自己去刷牙、洗澡。洗澡时，母亲只帮他擦擦后背，其他都由自己完成。睡觉前，他热情愉快地帮助母亲把我和卢教授的床垫、被褥从二楼拿下来放到小客厅中，他一次次地跑上跑下，显得十分兴奋，看着我们把被褥铺好，露出满意的微笑，并和我们有礼貌地说了"晚安"才上楼睡觉。

第二天早饭后，我们一起去了公园。在回来的路上尤克显得有些疲惫，母亲递给他一条毛毯叫他睡一会儿。我和尤克坐在后排，于是我将身子前移，让出身后的空间，意思是叫他躺下，腿可以伸直。但是他向我摇摇头，意思是不需要，并且迅速地躺在了座位下面放脚的地方，头枕在车中间凸起的横梁上，披上毛毯蜷缩着身子不一会儿就睡着了。这让我很是惊讶和感慨。当汽车开到一家商店门口停下来时，小林女士喊了一声"尤克"，他就像小豹子一样一跃而起，下车与妈妈一起进了商店。在商店他没有主动要求买什么，小林女士低头和他说了些什么，他摇摇头。回家后，他立即去卫生间用肥皂认真地洗了手，还自己倒水喝。午餐时，尤克的胃口很好，饭吃得很香。午餐是中西结合，桌子中间有几个菜，每人面前一只盘子，从桌中间盘子里取菜放入自己的盘子里吃。尤克很喜欢吃炸肉末土豆丸子，母亲见他一连吃了两个炸丸子，又给他夹一个，同时又夹了些青菜给他，并说："你也要吃些青菜呀。"尤克把妈妈给他的丸子、青菜和饭一起吃完就下桌了，把碗筷盘子放入水池就去漱口，然后，自己拿起一本书靠着地毯上的垫子看了起来。

　　告别了小林女士，我脑海里留下了一个活泼、大方、爱学习、兴趣多样、有着独立生活能力且自律性很强的日本小男孩儿的形象。同时，小林信子女士的严于律己同样使我难忘，她把对儿子的爱融于对孩子的尊重和严格的要求之中。一天多的时间里，我们从没听到她对尤克说"不许这个，不许那个""你应该做这个，你应该做那个"等强制的命令，而是用多种启发诱导的态度与方式去教育他。正如小林女士自己所说："我们应该从小就培养孩子自己学会学习、学会合作、学会生存的能力。"小林女士是一位真正地实践着 21 世纪新儿童发展观的母亲！

充分做好孩子入学前的准备

　　当孩子快到 6 岁时，就该从幼儿园毕业了。有的孩子向往当一名小学生，可以像哥哥姐姐那样背着书包上学，特别是看到哥哥姐姐们戴的红领巾，觉得很神气，自己也想像他们一样。但是也有的孩子不想上小学，仍想待在幼儿园，因为幼儿园有好多玩具，而小学没有。这样的孩子也不在少数。

　　前者说明孩子在幼儿园和家庭共同的教育影响下，身体和心理都长大了，对自己有更高的要求了。后者说明孩子虽然年龄增长了，但心理发育还有欠缺，甚至仍停留在四五岁的水平。对于这些发展水平不同的孩子，我们就需要区别对待了。

　　对于身心发展正常的孩子来说，家长要及时地引导他们做好入学前在生活、学习、心理和环境等多方面的准备工作。

　　在生活方面，由于上学了，首先要加强的是时间观念。上学是不能迟到的，所以要给孩子制订一个合理的作息时间表，早上几点起床洗漱，吃早饭要用多少时间，晚上几点入睡，一天要保证 10 个小时的睡眠，入睡和起床的时间不能改变，其他如进餐、玩游戏、做作业时间也要合理安排。做事不拖沓，并且学会一些力所能及的劳动，因为入学后要做值日生，所以在家里需要早些进行这方面的培养和训练。

在学习方面，由于幼儿园阶段以游戏为主导，而入学后则以学习为主导，开始孩子会不太习惯，尤其是幼小衔接工作做得不好的小学，一开始就要求孩子一节课坐 45 分钟，有不少孩子是坐不住的。学校还要求孩子自己收拾书包、衣物，不丢三落四，不错拿别人的东西等。有的学校不提供饮用水，孩子还要自己带水，因此必须把水瓶拧紧放好。回家后孩子需要把第二天的课本和学习材料放进书包。目前，我们仍能看到有的孩子到三四年级了，每天还要家长给收拾书包，甚至让家长背着书包上下学，孩子还以为这是家长应该做的。为此，必须在孩子入学前，就开始培养他的独立意识和能力。

在心理方面，孩子也应该对自己有要求，学会与小朋友友好相处。家长要引导孩子善于发现别人的优点，见面主动打招呼，关心和帮助他人，学会包容他人的缺点和毛病，而不是处处挑别人的毛病和不是，心胸狭隘，自己不能吃一点儿亏。总之，要让孩子对别人宽容大度，对自己严格要求，不欺负他人，善待他人。在小学阶段，有的孩子由于在

家娇生惯养，比较任性；有的不爱说话，不爱搭理别人；还有个别孩子表现得霸道、得理不饶人等。这个时候就要引导孩子学会如何与这样的小朋友相处。

在环境方面，家长可以带孩子去学校参观一下，了解一下教室、操场、饮水处、洗手间以及老师的办公室的位置等，这样孩子进校后就不会感到生疏了。

总之，孩子由幼儿园进入小学，在他生活中是件大事，是两种不同环境、不同生活的转换。为了避免孩子不适应或产生心理障碍，家长应尽早做准备，让孩子能够顺利地迎接新的小学生活。

当然，对那些还不想上小学，想一直待在幼儿园的孩子，就更要多做工作了。首先，家长要摸清孩子不愿上学的原因是什么，是过度留恋幼儿园，还是对小学有恐惧心理，从而有针对性地做好疏导工作。其次，要在日常生活中引导、培养孩子对学习的兴趣。家长可以和孩子一起阅读，让他感觉自己学到了很多知识，会认很多字，这样他自己就可以看很多有趣的故事书，然后告诉他，如果想读更多的故事，就需要认识更多的字，而这要通过上学才可以做到。同时，尽快做好前面所说的几项入学前的准备工作，让每个孩子都能愉快、顺利地开始小学阶段的学习与生活。

后 记

　　以上28封信涵盖了家庭早期教育的点点滴滴。在现实生活中孩子还会给我们提出许多问题，我们在养育和教育上也会遇到更多的问题，为了帮助孩子健康快乐地成长，我们需要不断地学习、不断地反思、不断地探索，用我们的智慧和生活的艺术去回答。千万不要用"我忙""我没有时间"或做"低头族"远离孩子。孩子需要我们陪伴他共同成长。家庭教育是终身教育，况且，1~6岁是孩子身心发展和性格养成的关键时期，千万不要错过这一重要时期。

　　让我们一起以爱心、童心和耐心面对，共助孩子健康成长！

李道佳

2022 年 1 月